AF215686

Josef Schiepek

Untersuchungen über den Satzbau der Egerländer Mundart

Josef Schiepek

Untersuchungen über den Satzbau der Egerländer Mundart

ISBN/EAN: 9783743643024

Hergestellt in Europa, USA, Kanada, Australien, Japan

Cover: Foto © Paul-Georg Meister /pixelio.de

Weitere Bücher finden Sie auf **www.hansebooks.com**

PROGRAMM-ABHANDLUNG

ZUM

XXIII. JAHRESBERICHT

DES

KAIS. KÖNIGL.

STAATS-OBER-GYMNASIUMS

ZU

SAAZ (Böhmen).

VERÖFFENTLICHT AM SCHLUSSE DES SCHULJAHRES 1896.

UNTERSUCHUNGEN ÜBER DEN SATZBAU DER EGERLÄNDER MUNDART. II. Theil.

Vom k. k. Professor JOSEF SCHIEPEK.

SAAZ 1896.
VERLAG DES K. K. STAATS-OBER-GYMNASIUMS.

Untersuchungen über den Satzbau der Egerländer Mundart.

II. Theil. Modi.

(Mit Ausnahme der indirecten Rede.)

Vom k. k. Professor J. Schiepek.

--- ·⁄◈◈◈◈◈◈· ---

Modi. [1]

Wenn Lessing im 2. Antigoeze anerkennt, dass jeder Mensch „seinen eigenen Stil sowie seine eigene Nase" habe, und später sagt: „Alles, was zu merklich ausgezeichnet, ist Fehler," so ist dies gewiss auch für die mundartliche Syntax giltig; dabei kann man aber leicht die Beobachtung machen, dass gerade im Gebiete der dial. Modusgebung, namentlich was den Bereich des Conjunctivs im Verhältnisse zu dem des Indicativs betrifft, die Grenze, jenseits welcher das individuell Fehlerhafte beginnt, weiter hinausgeschoben ist, als irgendwo auf dem Gebiete des Satzbaues.

Die modalen Unterschiede des gesprochenen Satzes in ihren letzten Abtönungen zu verfolgen, ist deshalb schwierig, weil derjenige Factor, der hier zuletzt am mannigfaltigsten und feinsten nüancieren hilft, der Satzton, die Satzmelodie, ein imponderables Element ist, dem nur in seinen gröberen Umrissen mit dem geschriebenen Worte beizukommen ist.

Modi in Hauptsätzen.

Indicativ.

Der Indicativ ist der Modus der Gewissheit. Allein in ähnlicher Weise, wie das Volk vergangene oder zukünftige Handlungen gerne mit lebendiger Phantasie als gegenwärtig vorstellt und demgemäß durch das

----

[1] Eine übersichtliche Zusammenfassung der im I. und II. Theil dieser Untersuchungen dargestellten dial. Eigenthümlichkeiten des Verbums (nach Genus, Tempus, Modus u. s. w.) wird am Schlusse dieser Untersuchungen gegeben werden. Der im vorjährigen Programme enthaltene I. Theil der Untersuchungen wird hier als Unters. I. angeführt. Die übrigen Abkürzungen sind dieselben wie in I. Die Sammlung „Deutsche Volkslieder aus Böhmen", herausg. vom deutschen Verein zur Verbreitung gemeinnütziger Kenntnisse in Prag, red. v. A. Hruschka und W. Toischer, Prag 1891, wird hier als DV citiert. Diese Sammlung ist zugänglicher als die in Unters. I. S. 5 angeführte Urban'sche Sammlung, welche übrigens so ziemlich vollständig jenem umfassenden Werke einverleibt worden ist. — NS = Nebensatz, HS = Hauptsatz.

Praesens bezeichnet, setzt es auch bloß Angenommenes oder Nicht-Wirkliches als wirklich und gebraucht demgemäß den Indicativ vielfach für den Conjunctiv Praet. der Schriftsprache. Dies gilt für HS und NS. Beides, Vergegenwärtigung und Wirklichsetzung in Gedanken, liegt vor, wenn der Ind. Praes.' in irrealen hypothetischen Perioden für den Conj. Plusq. eintritt, sowohl im bedingenden als im bedingten Satze: (*Wöi i mi niat dahält*,) *fåll i ei* = wenn ich mich nicht zurückgehalten hätte, wäre ich hineingefallen. Im Sinne des Conj. Imperf., (= wenn ich . . . . hielte, fiele ich . . .) in welchem derselbe Satz auch gebraucht werden könnte; liegt bloße Wirklichsetzung in der Gegenwart vor. Hieher gehören: auch die aus älteren Sprachperioden sowie aus dem Schriftdeutschen bekannten Fügungen: *G'setzt an* (= den) *Fàl, ea stia bt; i kimma rs gäl.:s Häus wia'd vakafft* (= er stürbe, d. H. würde v.) Wirklichsetzung in der Vergangenheit, (also ohne Vergegenwärtigung,) wornach der Indic. Praet. (bezw. Perf.) für den Conj. Plusq. gebraucht wird, ist selten und wohl nur im Nachsatze zu finden, nicht, wie im Mhd., bei Klopstock, Schiller, Goethe, auch im Vordersatze. Also: *Wöi a d' Zams as da Händ lasst*, (nicht: *laua hàut*, was nie irreal klingt) *wàar a valàuan* oder: *is a valàuan gwest* (= wäre er verloren gewesen).

Zweifel und Ungewissheit wird in der Mundart ebenso oft durch den Indic. mit hinzugefügten Umstandswörtern wie durch den Conjunctiv ausgedrückt Hieher gehören: *Schöia*, schier = nahezu, so ziemlich [1]). *Dös gäiht schöia niat.* — *Bàl* und *màlleicht* = beinahe, fast [2]) (letztere im D. unbekannt.) *Uwa' r a Wàl*, (über eine Weile,) welches aus der temporalen, *am End*, welches aus der local-temporalen in die modale Bedeutung hinübergerückt ist; ähnlich *af d' letzt*. Alle drei werden = vielleicht gebraucht, offenbar durch das Mittelglied eines hypothetischen Hintergedankens: wenn wir eine Weile, bis zum Ende, zuletzt warten, so stellt es sich noch heraus, dass . . . u. s. w. Z. B. *Uwa r a Wàl is a kràak.* Auch hier sind also, wie so häufig, zur Nuancierung Bestimmungen aus einem übergeordneten Satzgedanken eingedrungen. [3]) *Vülleicht* wird mehr in der Stadt als auf dem Lande gehört. *Leicht*, wie im Mhd. lîhte = vielleicht. [4]) (Nebenform *leit, lat*.) *Wûl*, wohl, (ein Beispiel der Abschwächung der Bedeutung wie *g'wis*, vgl. Unters. I. S. 39 Anm. 4) wird in schwacher Betonung wie im Nhd. und in anderen Dialecten (so im Ostfries. DM. IV. 358, 12) zur potentialen Färbung verwendet. Doch wird es hiebei lieber neben den Indic. des potentialen Futur. als neben den Indic. Praes. gesetzt. Stark betont bedeutet es „allerdings". [5])

Von ganzen indicativischen Sätzen, die als erstarrte Formeln gleich den vorhergehenden Partikeln zur Erzeugung des potentialen Sinnes verwendet werden, sind bloß *denk i* und *kàa sà* zu nennen, jenes in

---

[1]) *Schöia* =: wenigstens (Nagl, Roanad z. V. 183) kennt unser Dialect nicht.

[2]) Reis § 17 führt „beinahe, fast" in Mainz. nur mit dem Conj. an.

[3]) Vgl. später *g'wis* bei der indir. Rede. — *Eppa* (etwa) wird hauptsächlich zur Unterstützung der Frage gebraucht.

[4]) Ebenso bayr.-öst.

[5]) Über die abweichende Bedeutung des ebenfalls vorkommenden *aladings* vgl. Unters. I. S. 14, Anm. 4.

der Regel eingeschobon: *Dea᷎ hàut denk i kàa᷎ Zeit*, dieses vorangostellt: *Kàa᷎ sa᷎ ea᷎ künnt* (kommt) *hert nu*. [1])

In einzelnen Frageformeln, die, oft unter Verblassung der Bedeutung, zu stehenden Eröffnungsformen der Rede geworden sind, nähert sich der Indicativ dem Imperativ. Diese Hinneigung zeigt das in allen südd. Dial. weit verbreitete *wàiʃt*, (der Imperat. wisse ist verloren gegangen,) im Egerl. auch *wàiʃt wos*, (vgl. Unters. I. S. 16) namentlich neben einem Imperativ, (*wàiʃt làu mi in Fried* = wisse, höre, lass mich in Ruhe!) aber auch neben anderen Indicativen (*wàiʃt i mògh neks damid s thàu᷎ ho᷎m*). Ebenso ist *hàiast* als Frage oder Anruf = hörst du? oder höre! und ähnlich *siahst!* = schau! *vastàihst* = verstehe! und im Plural der höflichen Anrede *vastànga S᷎* wenigstens auf dem Wege zur imperat. Bedeutung. (Auch die Imper. „höre, verstehe" sind gleich „wisse" verloren gegangen.) Endlich entspricht dem mehr nordd.: „aber hör' mal!" als Ausruf des Erstaunens oder Unwillens unser: *No hàiats ann* (= denn) *neks!* (gewissermaßen: Hört ihr denn nicht, was er gesagt hat? was hier geschehen ist? u. s. w.)

Imperativ.

Eine Imp.-Form hat auch unser Dialect nur für die 2. P. Sing. Als 2. P. Plur. sowie in der 1. P. Plur. (bei der Aufforderung) werden die gleichlautenden Formen des Indicativs verwendet.

Dass von einzelnen Verben, so von wissen, hören, verstehen der Imper. ungebräuchlich ist, wurde schon früher erwähnt.

Von den unvollständigen Verben wollen, können, dürfen, sollen, müssen, deren Bedeutung der Imper. mehr oder weniger widerstrebt, werden wie im Nhd., nur noch seltener, mehr scherzhafte Imperative gebildet: *Sa kàa᷎ nàa᷎r* u. s. w., eher von mögen, z. B. *J mògh niat! — J-sa mògh nàa᷎*! und seit den ältesten Sprachstufen von sein (*sà*)[2]), haben (*hò*) und werden (*wia'*).

Passiver Imperativ erscheint nur vereinzelt: *Sads badànkt*.

Das Personalpronomen kann in der 2. P. Sing. und Plur. fehlen oder hinzugesetzt werden. Im letzteren Falle kann es nicht bloß, wie gewöhnlich im Nhd.[3]), nach-, sondern ebenso gut vorgesetzt werden: *Du rouh! Diats rouhts*. Einen besonderen, etwa emphatischen Sinn hat das Pron. hiebei nicht, es sei denn, dass ein besonderer Nachdruck darauf liegt.[4]) Nur das Pron. der 1. P. Pl. wird wie im Nhd. nachgesetzt. Dabei

---

[1]) Im Schwäb. auch eingeschoben: *Ihr send ka' sei au noh net lang am Fleck?* (Wunderlich. Umgangspr. S. 190.)

[2]) *Bis* kennt unsere Gegend nicht, wohl aber die Gegend an der Eger, namentlich gegen die untere Eger hin: *Bi niat bàis*. Krauß in B. d. P. u. K. I S. 193.

[3]) Ebenso im N.-Öst. Nagl, Roanad, S. 368, im Mainzischen, Reis. P. u. Br. Beitr. XVIII. S. 510.

[4]) Wird das Pronomen der 2. P. Plur. nachgesetzt, so zeichnet z. B. der Mainzer Dialect von Imperativ dadurch aus, dass das Pronomen hier enclitisch verkürzt wird, während dies beim Indic. nicht geschieht. In unserem Dialect besteht kein ähnlicher Unterschied, da die enclitische Form des Pronomens *it* (*'s*) ein integrierender Bestandtheil der Endung der 2. P. Plur. überhaupt (Indic. u. Imp.) geworden ist. Das gewöhnliche Pronomen der 2. P. Plur. *diats* hat keine enclitische Form, tritt also nur in voller Form vor wie hinter den Imp. und Indic.

4

wird die enclitische Form von wir, -ma, verwendet und das Verbum gewöhnlich um die Endung -en verkürzt: *Setzma se!* Mit vorgesetztem Pronomen: *mia' genga öitza!* macht die 1. P. Plur. doch zunächst nur den Eindruck des futur. Praesens, also des Vorschlages, des verwirklicht gesetzten Vorsatzes; aber allerdings kann der Ton den Vorschlag dem strengsten Befehle annähern.[1]) Vor den Imperativ sowohl als vor die zuletzt genannten Formen tritt sehr gerne die selbst ins Imperativische hinüberspielende Eröffnungsformel *wài/3t* (oder *wài/3t wos*), wodurch — je nach dem Tone — das Verlangte den Charakter eines überraschenden Einfalles, der etwa einen Ausweg aus einer Schwierigkeit gefunden hat, oder eines wohlmeinenden Rathes gewinnt, der aus überlegener Einsicht entsprungen ist.

Seiner Natur nach nimmt der Imp. nur ungern umfangreiche Bestimmungen zu sich, — am liebsten noch stückweise in der Form von Nachträgen. Anderseits aber bildet auch der reine Imp. nicht die Regel, außer beim strengen Befehle und in Formeln, sondern der Zusatz von *amàl* oder *a weng* (*!*). Letzteres wird dabei zumeist nicht mehr im wörtlichen Sinne (einer Beschränkung der Handlung nach Zeit oder Energie) gebraucht, sondern es soll nur die Größe der Anforderung überhaupt abschwächen und diese selbst als leichter erfüllbar erscheinen lassen. *Nimm a weng (a màl a weng) dös Packl mid in d' Stöd!*

Eine dringlichere Färbung erhält der Imp. durch vorgesetztes *sa*[2]) und *nàa'* (*no*), eine dringlichere und vertraulichere durch *fei*. Alle diese Vorschläge aber (*wài/3t* u. s. w.) können durch individuellen gewohnheitsmäßigen Gebrauch auch alle Nuancierungskraft einbüßen.

Zur Bedeutung des Imperativs ist nur zu bemerken, dass derselbe zwar in allerhand ironischen Lichtern und Farben spielen kann, dass aber jene Ironie, die seinen Sinn ins genaue Gegentheil verkehrt, verhältnismäßig selten zu beobachten sein dürfte und mehr auf gewisse geläufige Wendungen beschränkt erscheint, so z. B. auf die mit *schau nàa'* eingeleiteten: *Schau nàa', dàst dà Göldl gàua àà'bringst*, oder *dàst dà Gsundheit gàua zgrund ric̆st* u .s. w. Verwandt sind Drohungen wie: *Nàa' nu àà'màl thou ma dös* ꞊ dass du mir das ja nicht mehr thust! *Sà sua gout u dazüahl dös weila!* ꞊ dass du dich nicht unterstehst, das weiter zu erzählen!

Eine Anzahl von Imperativen ist auch in unserem Dialecte zu isolierten Bedeutungen gekommen. Einige haben sich als Einleitungsformeln der Rede zu interjectionellen Elementen abgeschliffen, so *hurch, màch, schau, gàih.* Vgl. Unters. I. S. 15.

Zur Umschreibung des Imp. wird zunächst wie in der Schriftsprache seit dem Ahd. *sollen* verwendet. Hieboi ist die Berührung und Vermischung des imperativischen und des indirecten Sinnes (dicitur) von sollen in unserem Dialecte beachtenswert. Es wird nämlich vornehmlich gebraucht, wenn man nicht im eigenen Namen befiehlt, sondern den Befehl eines anderen bloß weitergibt, sei es unmittelbar an die Person, welche ihn ausführen soll, oder an eine weitere Mittelsperson. *Du (dà Brouda) sollst (soll) reat bàl amàl san Vetta in d' Stöd*

¹) Vgl. Unters. I. S. 34.
²) Ebenso ,im N. Öst. Nagl, Roanad z. V. 287. Über die Verbreitungen *no-sa, i-no-sa* u. s. w. vgl. Unters. I. S. 7.

kumma, meldet jemand im Auftrag eines Dritten. Auch die im eigenen Namen, jedoch an eine Mittelsperson gegebenen Befehle können so umschrieben werden: *Da Vetta soll ma* (mir) *bâl schrei*[b]*m*.

Hingegen wird der directe, im eigenen Namen ausgesprochene und auf die angeredete Person selbst bezogene Befehl nur ausnahmsweise durch *sollen* gegeben. Für den indirecten Sinn dieser Umschreibung zeugt auch der Umstand, dass hier fast überall die diesen Sinn erzeugende Formel *hör' ich* sich einfindet. *Du sollst hör ich . . . .* — Ferner dient zur Umschreibung des Imp. *müssen*: *Mou[s]t niat wâina* — weine nicht, *mou[s]t niat denkn* denke nicht. [1]) Auch *sein* und *haben* mit dem Infinitiv (mit *zu*) dient wie im Nhd. zur Vermittlung einer imp. Bedeutung.[2]) *Lass* (lasst) uns ist ungebräuchlich.

Der imperativische Indicativ kam bereits Unters. I. S. 34, der imp. Infinitiv ebenda S. 16, das imp. Particip ebenda S. 17, 41 zur Sprache. Der Indicativ steht in unserem Dialecto zwar im Sinne des starken Imperativs, wie im Nhd. Für den höflicheren Conj. der Aufforderung jedoch, wie er im N.-Öst. üblich ist, (Nagl, Roanad S. 497: *Schaut d' Mam amal hea*!) habe ich ihn in unserer Gegend in mündlicher Rede nicht beobachtet. Beispiele aus der Dialect-Literatur hingegen finden sich vereinzelt, z. B. bei Urban in der Erzgeb. Ztg. 1895, Nr. 3, S. 71: *Denkt da Voda!* — denke dir, Vater! [3])

Was das Verhältnis dieser Befehlsformen zu einander und zum Imperativ anlangt, so ist der Indicativ, wie Wunderlich, Satzbau S. 60 hervorhebt, allerdings die schärfste Form, insofern er jede Widerrede auszuschließen scheint, da er den Befehl eben schon so gut als vollzogen setzt. Allein hier kommt es dennoch im Dialecte, wie schon früher einmal hervorgehoben wurde, (Unters. I. S. 34) lediglich auf den Ton an. Dieser kann die Schärfe des Befehles bedeutend mildern und ihn zu einer Ermuthigung, zu einem Vorschlage, einem wohlgemeinten Rathe, ja zu der bloßen Darlegung eines Zukunftsplanes herabstimmen. Hier steht dann der Indic. an der Grenze des lediglich futurischen Indicativs und berührt sich so mit dem Futurum der Aussage, welchem der Imperativ ja vermöge einer inneren Verwandtschaft nahe steht. — Was die beiden anderen Formen betrifft, so sieht Wunderlich, Satzbau S. 60 in dem Infinitiv mehr ein Avertissements-, im Particip mehr ein Ausführungs-Commando. Auch hier kommt es in unserem Dialect vorzugsweise auf den Ton an. Das Particip kann hiernach unter Umständen herrischer klingen als der Infinitiv, doch kann es, wie im Nhd., auch bloß als wohlmeinende Ermuthigung aller Schärfe entbehren: *Öiza nâa' frisch zoug'langt!* (Freundliche Nöthigung zum Zugreifen bei Tische.)

Das Particip hat übrigens ein beschränkteres Gebiet als der Infinitiv. Die eine Einschränkung betrifft die Form. Es findet sich nämlich 1) nicht leicht ein Part. imperativisch gebraucht, das mit einer Praesensform zusammenfällt. Also nicht: *Gott dankt* (= gedankt) —

---

[1]) Ebenso im N. Öst. Nagl, Roanad z. V. 422.

[2]) Über *werden* (und futur. Praes.) weiter unten.

[3]) Sollte übrigens dieser Gebrauch nicht, statt vom Indic., vom Conjunctiv oder Imperativ aus zu erklären sein? Könnte das *t* der indicativischen Flexion hier nicht dem herübergenommenen Anlaut des folgenden Artikels seinen Ursprung verdanken? (*Denk da Voda — schau d' Mam . . .*)

6

danke Gott! Wohl aber bei Verschiedenheit dieser Formen: *Öitza näar fest gessen und trunken!* 2) widerstrebt es dem Sprachgeiste, ein allgemein giltiges Gebot, das an alle Menschen gerichtet ist, in die Form des imp. Part. zu kleiden; dieses dient vielmehr nur dem an eine bestimmte Person (oder bestimmte Personen) gerichteten Befehle. Ein Beispiel, wie es Kehrein, Gr. d. 15.—17. Jahrh. III. § 30 aus dem 17. Jahrh. anführt: *Nur dem Teufel nicht getraut,* wenn dies so viel heißen soll als: Man soll dem T. nicht trauen, (also dem entsprechend: *Niat g'stuln, niat g'luagn* u. s. w.) könnte im Dialecte nicht nachgeahmt werden. 3) Das imp. Particip steht am liebsten allein; es nimmt nur mit Widerstreben weitläufigere Ergänzungen, etwa durch Praepositional-Ausdrücke, zu sich. Also nicht: *Af da Stell midn Schlüssl d' Thür af-g'macht!* Wohl aber: *Afg'macht!* Etwa nöthige Bestimmungen werden daher gerne als selbständige Nachträge gebracht: *Afg.macht! Af da Stöll! Döi Thüar dau!* u. s. w.

Ueber die Formen des Befehles mit *dass* und *ob* vgl. diese Conjunctionen.

Conjunctiv.

Vollständig erhalten ist nur der Conj. Praet. und Plusq. im Activ und Passiv. Der active Conj. Praes. ist bis auf wenige Reste verloren gegangen; ¹) er fehlt auch von sein, haben und werden, und daher können auch die mit diesen Hilfszeitwörtern gebildeten activen Conj. des Perf. und Futur. sowie die passiven Conj. des Praesens, Perf. und Futur. nicht gebildet werden.

Optativer Conjunctiv.

Hieher ist seinem Ursprunge nach auch der Conj. im conjunctionslosen Bedingungssatz (*wä·st niat affag·stign, wä·st niat äi-g'fälln*) zu stellen.

Opt. Conj. Praes. 1) Von den mit dem Indic. zusammenfallenden Formen der Mehrzahl ist wie im Nhd. nur die 3. P. Plur. im Gebrauche, aber auch diese nur als Imperativ der höflichen Anrede u. zw. stets mit hinzugefügtem Pron: *Genga S' weg. Kumma S' hutschm Läua S' Jhnen sogn* (Einleitungsformel.) ²) In anders gearteten Verbindungen erscheint die 3. P. Plur. niemals. Sie ist übrigens auch im Nhd. selten genug geworden: „Gehen einige und zünden Reisholz an.“ Tell 2, 2. (Erdmann § 165.)

2) Von der 1. und 2. P. Sing. des Optativs, deren Gebrauch aus der älteren (ahd. und mhd.) Sprache bis in die nhd. Schriftsprache hineinreicht, ist mir in der Mundart kein Beispiel bekannt.

3) Der 3. P. Sing. des wünschenden Conjunctivs endlich ist wie im N. Öst. (Nagl, Roanad, S. 368) auf gewisse Formeln beschränkt: *Helf da Gott; vageli's Gott* (wird geradezu zur stehenden Dankesformel

---

¹) S. weiter unten beim optat. Conj. Die zahlreichen Conj. Praes. in Baiers Chronik sind wohl auf den Einfluss der Schriftsprache zurückzuführen: *habe,* (215, 312, 319, 395,) *wolle,* (215, 292,) *solle,* (245,) *werde,* (375,) *stehe, nehme* (352) u. s. w.

²) Bei *häien S'* kann es zweifelhaft sein, ob man es mit einem ursprünglichen Conj. oder mit einer indicativischen Frage (vgl. häias) zu thun hat, die sich der Aufforderung dem Sinne nach genähert hat.

== ich danke; ebenso im N. Öst. Nagl, Roanad z. V. 61;) *bhöut's Gott* (Segenswunsch für das Gedeihen der Kinder, auch des Viehes;) *gröiß di Gott; gnâd' Gott; g'seng's* (gesogne es) *Gott, Gott bewâa'; Gott träist 'n in da r Aiwikeit;* (Lorenz P. 7,) [1]) *unna Hea'gott valäuß mi niat; wâl Gott da Hea';* (walte es Gott d. H.,) *hul 's da Teufl.* Ganz vereinzelt auch andere Verba: *Dengl wea꞉ wüll,* (dengle da, wer w.) D. V. S. 363, Nr. 889 (Eger). Mit dass: *dass Goi dabarm'.* Die nhd Formen „er lebe hoch," „da sei ein anderer gelassen" und alle ähnlichen Formeln werden nur mit sollen umschrieben. Als ein Zeichen, wie fremd der Conj. Praes. außerhalb dieser stehenden Formeln dem unbeeinflussten Sprachgefühle geworden ist, darf es vielleicht angesehen werden, wenn der dem Volke so vertraute Satz des Vaterunsers: „Dein Wille geschehe" außerhalb des eigentlichen Gebetes (denn dieses verfällt in seinen kirchlichen Formen dem Dialecte nicht so leicht vollständig) -- also im täglichen Umgange, zumeist nur in der Form: *Hea' dein Wülln!* erscheint. In veränderter, alltäglicher Umgebung wird der Conj. als fremdartig empfunden und lieber weggelassen. [2])

Außerhalb der wenigen stehenden Formeln herrscht durchwegs die U m s c h r e i b u n g d e s O p t a t i v s (in allen Personen) u. zw. mit dem Ind. von sollen: *Dea' soll Gott dänkn* (der danke Gott....) *Gott soll din va sua wos b'höu'n* (auch einfach: *Gott soll höu'n!* = Gott bewahre, als Negation.) — Mit wollen: *Sa wollma r amâl lusti sa꞉* = lasst uns..; und ohne Infin.: *sa wollma!* lasst uns aufbrechen. [3]) In der 2. und 3. Pers. (wie im Ahd. und Mhd.) erscheint diese Umschreibung niemals. — Das im Nhd. fast ausschließlich verwendete *mögen* (im Conj. und — namentlich concessiv — auch im Indic.,) dient zum Ausdrucke des reinen Wunsches in der Phrase: *(Ei) mächt' wissn!* — ich möchte doch wissen (da wäre ich doch neugierig)....... etwa: wie das sein könnte; es wird daher zur kräftigen Verneinung gebraucht - i woher denn!

In anderen Phrasen hat sich die optativische Bedeutung von mächt' der potentialen genähert: *Oitsa wöits, päckts äa꞉; mächt ma 's heit nu zwinga* --- vielleicht bewältigen wir die Arbeit heute doch noch. *Hei't is an annara Wind; mächt' morgn denna r a annas Wida wea'n!* - vielleicht wird m. d. ein anderes Wetter. Im Sinne dieser Wendungen überwiegt weitaus die bloße Möglichkeit, nicht mehr der Wunsch, falls der letzteren Bedeutung nicht etwa der Redeton in besonderer Weise zu Hilfe kommt. Jene Sätze können aber sehr wohl im bloßen Aussageton gesprochen werden und liefern sodann einen interessanten

---

[1]) In *Gott gi's* (Gott gebe es) liegt offenbar der Imperativ *gi* = gib vor, da der Conj. *geb's* (vgl. helf) lauten müsste und im Dialecte der Städter vielfach wirklich lautet. Der Imp. vergleicht sich dem vereinzelt auch im Nhd. auftauchenden sich statt des Conj. sehe. So bei Ebers: „Sich einer den Tölpel", vgl. Horrigs Archiv 63, S. 127.

[2]) Außerhalb dieser Formeln weist die Nürnberger Dialectliteratur zahlreiche Beispiele der 3. P. Sing. des opt. (adhort.) Conj. auf: *Wer mit kan Wög'n f̄ärn kȳ꞉, der nehm a wel in Karrn.* Nürnberg. Redensarten. D. M. VI. 416. *Fra Werthi, schenk' s' ei꞉, schreib' s' 's* (sie es) *über di Thür.* Nürnb. Schnadahüpfel D. M. VI. 417. Vgl. ebenda VI. S. 163, 169, 438 oder Firm. II. 389, III. 305 u. ö.

[3]) Im Mainz. verlangt diese Umschr. die Stellung des Aussagesatzes: *Mer wolle gehe.* Reis § 18.

8

Beleg der auch anderweitig zu beobachtenden [1]) Annäherung der optativischen an die bloß potentiale Bedeutung. Diese Annäherung ist ein Seitenstück zur umgekehrten Hinneigung einzelner potentialer Wendungen zum optativen Sinne, z. B.: *Du kannst ma r amàl an Towàk huln* (== hole mir . . .) u. ä. Hier genügt es zur Kennzeichnung des Wunsches, die Möglichkeit der Sache vor Augen zu stellen, dort ist die in der Erfüllbarkeit des Wunsches liegende objective Möglichkeit der Sache das in den Vordergrund gedrängte Moment. [2]) Ja schon die bloße Vorstellung der zukünftigen Handlung kann statt des Wunsches eintreten, der sich so leicht an diese Vorstellung hängt. So in der allgemein verbreiteten Wendung : *I wia' no (gea*n) seah* (= ich möchte gerne sehen.)

Noch von einer anderen Seite her, durch das Medium der Ironie, nähert sich der mit *mächt'* umschriebene Wunsch der bloßen Möglichkeit. So veranlassen etwa z. B. das lange Ausbleiben eines Gefährtes oder verdächtige Spuren am Wegrande jemanden zu dem Ausrufe: *No mächt a (eppa) ümg'chmissn ho*m! eig. möchte er (sc. der Knecht den Wagen) umgeworfen haben! — er wird doch nicht am Ende . . . Freilich kann hiebei nicht ·immer von überlegter oder beabsichtigter Ironie die Rede sein, da auch Schrecken, Angst und andere starke lähmende Affecte sich in diese Form kleiden. *Habn wir das einzige Töchterlein, mächt' uns das wohl ertrunken sein*, sagt der erschrockene Müller im Volksliede, als das Rad in räthselhafter Weise stillsteht. (D. V. S. 95, Nr. 8 d.)

Beide Verba, *mächt'* und *kannt'*, werden übrigens bei der Umschreibung des Wunsches auch in der Frageform verwendet: *Kanntst (mächtst* oder *mächst) ma niat a pàa' Gülǹn lei*k*a?* [3]) — Müssen, das im Ahd. und Mhd. im Conj. so häufig verwendet wird, dient im Dialecte zur Umschreibung des Wunsches im allgemeinen ebensowenig mehr wie im Nhd., doch stehen gewisse Umschreibungen mit müssen der Aufforderung nahe. [4]) *Moußt hàlt schäi Owacht ge*m, dà da nks g'schiaht* gib schön acht...., sagt man ermahnend zu einem Kinde. — Die Umschreibung mit lasst uns ist, wie bereits erwähnt, unbekannt. Auch würde erscheint nur im Condicional, nie im Wunsche. [5])

Die angeführten Umschreibungen sind inhaltlich nicht gleichwertig. [6]) Die Umschreibung mit *kannt'* und *mächt'* in Frageform ist in unserem

---

[1]) Erdmann, Grundzüge § 169.

[2]) Die Erfahrung, dass vorgestellte Möglichkeit zum Wunsche führt, liegt auch einer im übrigen nicht ähnlichen Erscheinung zugrunde, von welcher Grimm, Gr. IV. 10) spricht. Es ist das im Ags. u. Alts. vor den Infin. gesetzte vuton bezw. wita, welche Grimm als „wir wissen" deutet und erklärt: Wir wissen zu gehen, also gehen wir!

[3]) Ebenso im N. Öst. Nagl, Roanad S. 377·

[4]) Vgl. oben S 5.

[5]) Nach dem Tadel zu urtheilen, den Herrn. Lewi in der Mitte der 70er Jahre ausspricht, (Das österreichische Hochdeutsch. Wien 1875. S. 12) war um die angegebene Zeit gerade diese Verwendung (im Wunsche) in österr. Hochdeutsch weit verbreitet. Heute kann man eine ähnliche Beobachtung wohl kaum machen.

[6]) Nach Nagl, Roanad S. 377 dient im N. Öst. mögen der höflichen, sollen der unumwundensten Form des Wunsches. Das Verbum können deutet an, dass der Auftragerhalter auf das Gewünschte wohl auch selbst hätte kommen können.

Dialecte jedenfalls die höflichste Form des Wunsches, insofern man gewissermaßen Bedenken trägt, den Willen, bezw. das Vermögen zur Erfüllung des Wunsches von vornherein vorauszusetzen. *Kannt'* im Aussagesatze (*mächt'* kommt hier bei seiner geringen Anwendung kaum in Betracht vgl. S. 7,) wendet sich an die Fähigkeit des Angeredeten und kommt so der vorausgehenden Form in Bezug auf seinen vorsichtigen, zuwartenden Charakter nahe. Die Umschreibung mit sollen ist die trockenste, dem Imperativ zunächst stehende, die mit müssen klingt an- und eindringender, obwohl die Strenge der Bedeutung des Verbums darin nicht zur Geltung kommt.

O p t a t. C o n j. P r a e t. (P l u s q.) Der Conj. Praet. hat sowenig wie im Mhd. und in der nhd. Schriftsprache die alte (ahd.) Beziehung auf die Vergangenheit, — welche nur der Conj. Plusq. ausdrücken kann, — sondern nur auf die Gegenwart oder Zukunft. Der Conj. Praet. kann hiebei ebensowohl den erfüllbaren wie den unerfüllbaren [1]) Wunsch bezeichnen, der Conj. Plusq. zunächst den unerfüllbaren Wunsch, den erfüllbaren nur, insofern sich der Wunsch auf das ihm ‾ unbekannte Resultat einer vergangenen Handlung bezieht. *Wenn s' nan näa' niat äa'gnumma hai'n !* kann jemand in Bezug auf das ihm unbekannte Resultat einer milit. Assentierung sagen. Auch die Umschreibung mit sollen und dem Part. Praet. kann in diesem Sinne verwendet werden: *Sie solln nan näa' niat äa'g n. ho'm.* Unmittelbar bezieht sich freilich auch hier der erfüllbare Wunsch, wie das in seiner Natur liegt, auf ein Zukünftiges, (die erwartete Nachricht des Geschehenen.) mittelbar aber auch auf das Geschehene selbst, also auf etwas Vergangenes. [2])

Der bloße Conj. Praet. im Wunsche ist indes in ziemlich beschränktem Gebrauche: er findet sich hauptsächlich bei haben (als Vollverbum) und sein (als Copula), sowie bei können, müssen, dürfen, selten bei anderen Verben. Also nicht: *Kam* (-- käme) *a (er) näa' bäl!* Wohl aber: *Hätt i naa' a Göld! Wä* (wäre) *r i näa' g'sund!* *Kannt* (könnte) *i naa', wöi i mächt'!* u. s. w. *Mächt'* (möchte) erscheint nur in der Umschreibung neben anderen Verben, dann aber niemals, wie in der Schriftsprache, an der Spitze des Satzes. Also nie: *Mächst (= mächtst) d' do*

---

[1]) Genauer gesagt: den für erfüllbar oder unfüllbar gehaltenen. Daß auch der erfüllbare Wunsch sich in diese conjunct. Form kleidet, deutet Nagl, Roanad S. 376 c) f) als eine Aeußerung des Aberglaubens und der schwachen Willenskraft des Bauers, der auch nicht mit annähernder Sicherheit sein nennen will, was er wünscht.

[2]) Der von der Mainzer Mundart durchgeführte Unterschied, dass im Passiv der auf eine andere Person bezogene Wunsch mit dem Conj. Praet., der Wunsch, den der Wünschende auf sich selbst bezieht, mit dem Conj. Plusq. ohne „worden" gegeben wird, (Reis § 17, 2,) findet sich in unserem Dialecte nicht als Regel ausgeprägt. Vgl. Mainz: *Ar wär am liebschte met su ere Kopp angestellt.* Möglich ist die gleiche Fügung zwar auch im Egerl.: *I wä gea'n .. äa'g'stellt*; doch gebraucht man hier nicht minder häufig die auch der Schriftsprache geläufige Umschreibung mit möchte, aber keineswegs, wie im Mainzischen (Reis a. a. O.,) bloß mit sein, sondern auch mit werden: *I mächt' gea'n ... äa'g'stellt wea'n* oder *sa'.* Der Unterschied zwischen *i werat* (würde) *gea'n äa'g'st. (i mächt .... äa'g'st. wea'n*) und: *i wä g' äa'gst. (i mächt ... äa'gst. sä,)* ist derselbe wie im Nhd. Im ersten Falle blickt der Wünschende nach dem Eintritt des gewünschten Ereignisses aus, im zweiten versetzt er sich mit vorgreifender Ungeduld schon in den Zustand des erfüllten Wunsches.

2

schweign — möchtest du doch schweigen, sondern nur mit wenn: *Wennst näa" schweign mächst!* [1])
Die Bildung des opt. Conj. Plusq. unterliegt schon wegen der Geläufigkeit der Praet.-Formen der Hilfszeitwörter haben und sein (*häit, wâ*) keiner formellen Beschränkung: *Häit i näa" a Göld g'hàt; wâ r i näa" dakàim gwesn (blibm)* u. s. w.
Die Partikel „nur" (*näa"*, *no*) ist beim opt. Conj. fast unentbehrlich; „doch" (*do, du*) ist hier nicht so gebräuchlich, wohl aber dennoch (*denna.*)
Von einleitenden Conjunctionen kommt dass mit dem (mhd. u. nhd.) Conj. Praet. u. Plusq. nicht vor. („Dass du doch geschwiegen hättest"! [2])
Wohl aber ist *wenn* eine durchaus gebräuchliche, ja die häufigste Einleitung des Wunsches, u. zw.: mit einfachem Conj. Praet. u. Plusq. oder, wie bereits erwähnt, mit der Umschreibung durch möchte, (nur für den Conj. Praet., kaum jemals beim Plusq.) Also : *Wenn a näa" kam* (käme) oder *kumma mächt.'* (Aber nicht : *Wenn a näa" kumma sa‾ mächt'* — möchte er doch gekommen sein!)
Die häufige Verwendung des (conjunctionslosen) Wunschsatzes als Vordersatzes der hypoth. Periode, welcher ja in dieser Form aus dem selbständigen Wunsche herzuleiten ist, bringt es mit sich, dass sie (gleich den mit wenn eingeleiteten) oft auch dann eine mehr oder weniger hypoth. Färbung annehmen, d. h. einen Nachsatz erwarten lassen, wenn thatsächlich kein solcher folgt. [3]) — Umgekehrt werden doch auch die mit wenn eingeleiteten Sätze als echte Wunschsätze empfunden; dies beweisen die Vorschläge von Interjectionen, die sich hier, wie bei den conjunctionslosen Sätzen, einfinden: Es sind im ganzen dieselben, die auch vor den Imperativ treten, und sie können auch hier nur unmittelbar vor der Verbalform (bezw. vor wenn) stehen: *Sa (ä - sa, i - sa* u. s. w.) *àch*, gelegentlich auch *a, ä, ei* allein (z. B. bei Verneinungsformeln wie *Gott bewàa"* !)

Potential.

Pot. Conj. Praes. Der alte (goth., z. Th. noch ahd.) pot. Conj. Praes. fehlt wie im Mhd. und Nhd. sowohl im Haupt- als im Nebensatze.

----

[1]) Eine Ausnahme bilden die S. 7 angeführten Sätze mit vorangestelltem *mächt' (mücht' ma 's eppa denna twinga* = vielleicht u. s. w.), die aber die Bedeutung des Wunsches, falls sie vorhanden war, (die ursprüngliche Bedeutung von mögen = können macht dies nicht gerade nothwendig), zum größten Theile eingebüßt haben. Vgl. S. 14.

[2]) Mit dem Indic. dient dass (sowie ob: *obst hear gáikst*) zum Ausdrucke des Befohlen : *Dast di niat muckst!* aber nicht des höflicheren Wunsches. Ebenso wenig kennt der Dialect die Einleitung des Wunsches durch Fragepronomina. („Eilende Wolken . . wer mit euch wanderte . . . !" u. s. w.).

[3]) Diese Auffassung macht sich oft in der Frage des Hörers : *No? wos wâ r ann affa?* geltend.

Der einfache Conj. Praet., der im Goth., Ahd. und Mhd. als Potential der Vergangenheit gebraucht wurde, ist in dieser Bedeutung wie im Nhd. verschwunden. Er steht, wo er noch die Möglichkeit ausdrückt, nur mit Beziehung auf die Gegenwart oder die Zukunft, während die Beziehung auf die Vergangenheit dem Conj. Plusq. vorbehalten ist. Wie der opative, so kann auch der potentiale Conj. Praet. ebensowohl die Möglichkeit als die Nichtwirklichkeit bezeichnen, der Conj. Plusq. aber zunächst nur die Nichtwirklichkeit; die Möglichkeit wiederum in analoger Weise wie beim Opt. nur durch die Beziehung auf das unbekannte Resultat einer vergangenen Handlung. Doch ist diese Beziehung immerhin seltener als beim Wunsche, am häufigsten wohl steht sie im Zusammenhange mit einem Wunsche dieser Art: *Wenn a näa' afs wengst s Träid gout vakafft häit!* (sagt jemand von einem entfernten Freunde zu einer Zeit, in welcher der Verkauf schon abgewickelt sein muss. *Iffa werat a se glei a neu's Gwànd kafft hosm* (= dann hat er sich jedenfalls gekauft.)

Der Conj. Praet. und Plusq. dient zunächst zur Bezeichung eines bloß angenommenen Ereignisses, mag die Bedingung seines Eintrittes in einem NS. angegeben sein oder nicht. [1]

Ueberall schlägt der condicionale Sinn mehr oder weniger vor. *I gang am löibsten àf u davàa', (wà . . . gànga.)* In der zweifelnden Frage ist der comdicionale Sinn geradezu die Bedingung des Conjunctivs: *Wos helfat enn dös? Wöi stöllast enn dös àa'?* Sonst steht hier der Indicativ. So z. B. wenn die Richtigkeit einer Aussage mehr oder minder ernsthaft angezweifelt wird. *Dös seahts jà, dà r a mi g'schickt häut.* Antwort: *Wos? Gschickt häut a di?* Während im O.-Ost. hier der Conj. eintritt: *Dös sechts ja, dass a mi gschickt hat. — Ja mein . . gschickt hät a di?* (Wie? geschickt hätte er dich?) A. Matosch in „Aus da Hoamat", Linz 1885. S. 329. Andere Fälle im N.-Öst.: *Jò, wà dèis a Briav laichd?* Nagl, Roanad. z. V. 362.

Ein für die Volksmundart charakteristischer Conjunctiv liegt vor in Wendungen wie: *No wos wà r enn àffa dös!* = was ist denn das? Der Conj. Praet. drückt hier gewissermaßen den Versuch aus, selbst angesichts der vollendeten Thatsache den Eintritt derselben von einem nachträglichen Vorbehalt abhängig erscheinen zu lassen. (Etwa: Wenn es überhaupt wahr wäre! Wenn es sich am Ende nicht doch noch anders herausstellt . . .) Dieser Gebrauch zeugt von der zähen Neigung des Volkes zu bedächtiger, vorsichtig bedingender Formulierung selbst der vollendeten Thatsache gegenüber und ist auf Gebiete ausgedehnt, wohin der nhd. Gebrauch („da wären wir" u. s. w.) nicht reicht. So erscheint in rhetorischer Frage oder im verwunderten Ausruf der bereits im vorjährigen Aufsatze (Unters. I. S. 41) erwähnte Conj. Praet. von müssen in gleichem Sinne: *Möufst i niat wegha dera Klàinighkeit af Pràugh ei'? Oder: Denk da näa', möufst i wegha . . . . af Pràugh!* = Musste ich nicht . . .? Denke dir, ich musste . . . Auch in der Stellung des Aussagesatzes begegnet es: *Af d' letzt möufst si* (musste sich) *da Wia't ins Mittl legn.* E. J. 20, S. 143. Dieser Conjunctiv ist ein Gegenstück zum Indicativ, welcher die nicht eingetretene Bedingung bezeichnet.

---

[1] So seit den ältesten Zeiten. Erdmann, Grundzüge § 170.

(= irreal. Conj. Praet. oder Plusq. Vgl. S. 2.) Hier wird ein Nichtwirkliches dem Eintritte so nahe bezeichnet, dass es so gut wie wirklich erscheint. Zur Hervorhebung dieser Eigenschaft wird dem Nichtwirklichen die sprachliche Form der Wirklichkeit verliehen. In unserem Falle hingegen soll umgekehrt wirklich Geschehenes als so unglaublich oder unerwartet erscheinen, dass es gewissermaßen durch unbestimmt vorschwebende Bedingungen noch nachträglich in Frage gestellt zu werden verdient, und zur Hervorhebung dieser Eigenschaft wird dem Wirklichen die sprachliche Form der Nichtwirklichkeit verliehen.

Diesen Conj. habe ich jedoch in unserem Dialecte nur im HS ~~sätzen~~ beobachtet.

Von diesem Conjunctiv, dessen Untergrund der durch den Affect hervorgetriebene Vorbehalt ist, — ein Vorbehalt nämlich, der aus dem unwilligen Staunen, wenigstens aus der Verwunderung über kaum Glaubliches oder doch Unerwartetes erwächst, — ist der verwandte Conjunctiv der bescheidenen oder vorsichtigen Aussage immerhin zu trennen; denn auch dieser ruht zwar auf dem Untergrunde eines Vorbehaltes, der jedoch nicht durch den Affect hervorgetrieben, sondern durch unwillkürliche (gewohnheitsmäßige) oder beabsichtigte Behutsamkeit erzeugt ist. Derselbe tritt seit den ältesten Zeiten für den Indic. Praes. ein. Wie andere Dialecte, so zeigt auch der unsrige eine ausgesprochene Neigung zu dieser bescheidenen oder vorsichtigen Formulierung. [1]) *Dös wä ötsa g·scheah* = das i s t g. *S sell wä scho* = das i s t so. *J häit a Bitt*; *i mächt bitta*; *thät schö̈ bitta* (auch bei schon vorgebrachten Bitten). Wie im Nhd. sind förmlich formelhaft gewordene Conj. dieser Art : *i denkat*[2]) *i mächt*, *i wesst*, *i wünschat*; ferner, wenn auch minder regelmäßig, *i mäinat*[3]) *i brauchat*; *·s glustat mi* (*scho grod a weng dänäu*), Lorenz S. 6 (Praes. *glust*): *·s wä käã̈ Wunna*, (*wenn är·s angstli werat*) = es ist k. Wunder, wenn ich ängstlich werde (also bei bereits eingetretenem Zustande.) Auch für die Vergangenheit tritt dieser Conj. ein (Conj. Plusq. = Ind. Perf.) : *J häit hält denkt, gmäint*.[4])

Wenn Wunderlich (Umgangspr. S. 140, 211) in diesem Conjunctiv der „elliptischen Reservation", sowie in den anderen abschwächenden

---

[1]) Diese Neigung verursacht auch in unserem Dialecte jenes massenhafte Auftreten des Conj. Praet., von dem Matthias, Sprachleben und Sprachschäden S. 377 spricht. Nagl, Ronaad S. 377.

[2]) Vgl. Tomanetz, Z. f. d. Unterr. VII. 800. Dagegen Wunderlich, Umgangspr. S. 215.

[3]) Beispiele des im Bayr. weit verbreiteten *i moanet* aus altbayr. Denkmälern in Bayerns Mundarten I. 213.

[4]) Wunderlich (Satzbau S. 85) wollte zuerst der Erklärung dieses Conjunctivs aus der Ellipse des condicionalen Nachsatzes die Erklärung aus dem Zusammenhang mit den übrigen potentialen Formen vorziehen. Später (Umgangspr. S. 210) neigt er sich jedoch der Ansicht zu, dass die Ellipse doch einen weiter reichenden Erklärungsgrund darbiete. Bei der unzweifelhaft condicionalen Färbung des Conjunctivs Praet. in diesem Falle halte ich es ebenfalls für angezeigt, ihn unter diese Kategorie zu stellen, mag auch der Vorbehalt, um dessentwillen ihn Nagl (S. 376 f.) einen brachylogischen, andere einen elliptischen nennen, nicht deutlich verschweben, sondern nur unbestimmt im Hintergrunde ruhen.

Nachtragsformeln, mit denen der gemeine Mann seine Rede begleitet und belastet, einen Niederschlag aus, früheren gedrückten Zeiten des Bauernstandes sieht, so möchte ich zwar einer solchen Deutung principiell ihren Wert nicht bestreiten. Sprachliche Erscheinungen sind schon öfter und in jüngster Zeit wiederum von Nietzsche (z. B. Zur Genealogie der Moral, 5. Aufl. Leipzig 1895, S. 308 f. 318 f.) als Fingerzeige für den Urzustand oder für die Entwicklungsgeschichte der Menschheit verwertet worden, und so wird wohl auch in unserer Mundart manches als Rückstand aus früheren Zeiten und Zuständen gedeutet werden können und müssen. In diesem speciellen Falle jedoch ist eine gewisse Vorsicht am Platze. Ich möchte den Conj. der bescheidenen Aussage mit zwei anderen Erscheinungen, dem „abschwächenden" Perfectum der Aussage (*i ho denkt* = ich denke) und dem verallgemeinernden man = ich unter demselben Gesichtswinkel betrachten. Das „abschwächende" Perf. lässt die eigene Meinung gewiss unter anderm auch als weniger aufdringlich erscheinen, da sie schon als der Vergangenheit angehörig gezeigt wird. Desgleichen kann die eigene Meinung durch die Eingliederung in eine große Masse ähnlich Meinender dem odium vorlauter Aufdringlichkeit entzogen werden. (*Dös thout ma niat* = das thue ich nicht.) Allein es ist unschwer zu beobachten, dass es auch Fälle gibt, in welchen jenes Perfectum als Ausfluss des Selbstbewusstseins gefasst werden will, welches die Meinung nicht als eine soeben, sondern längst gefasste darstellen möchte, oft, um so eine gewisse Voraussicht des Kommenden zu betonen. („*J hô denkt*".) So kann auch jene Verallgemeinerung durch „man" die Sache so hinstellen, als ob man in der Mehrheit der Meinung besser Bescheid wüsste als andere und sich etwas darauf zugute thäte. Und so ist nun auch der Conj. nicht nothwendig der Ausdruck der Bescheidenheit. Er kann auch beabsichtigte Pose des naiven Selbstgefühles sein, das gleichsam sagen will: Merkt ihr das weitblickende, das vorsichtige, das nicht so leicht zutappende Urtheil des gewiegten, erfahrenen Mannes? Nur die zu Formeln erstarrten Conj. wie ich *denkat, mainat* mögen von dieser Auffassung in der Regel schon ausgeschlossen sein. Im übrigen aber kann dieselbe durch den Ton der Rede, der auch hier alles ist, jederzeit in den Vordergrund gerückt werden.

Umschreibungen. Die Bildung des Condicionals mit w ü r d e (*werat*) entspricht durchaus dem Nhd. Die infolge des Mangels eines Conj. Praet. von werde in Mainz. durchgängig eingetretene Umschreibung durch thun (*dhete zvern*) [1] ist im Egerl. weder nöthig noch besonders häufig. Auch hebt sich diese Umschreibung (*that* mit Infin.) in Bezug auf den modalen Sinn schwerlich irgendwie von dem einfachen Conj. Praet. ab. Im N.-Öst. hingegen ist diese Umschreibung zum Ausdruck des sicheren Eintreffens eines Ereignisses gebräuchlich. [2] — Außer *werat* wird in demselben condicionalen Sinne, wie schon im Mhd., *wollt'* zur Umschreibung gebraucht, (vgl. engl. would) [3] namentlich im Sinne einer Androhung, was der Bedeutung des Verbums wollen, durchaus entspricht: *Dean wollt'*

---

[1] Reis § 4.
[2] Nagl, Rosnad S. 392 „zu 976".
[3] Ebenso im Steirischen, besonders häufig bei Rosegger.

14

i ma˜ Máining sogn (g˙sägt ko˙m), dann auch ohne diesen drohenden Sinn: *Wenn unna r .Altn afstanga, döi wolltn, (welltn)schaua!*[1]) — *Mächt'* wird außer den Wendungen wie: *mächt' morgn denna an ännas Wi˙da wea'n* (S. 7.) wo die Bedeutung der Möglichkeit aus der des ernstlichen Wunsches immerhin herleitbar ist, auch in Fügungen angetroffen, in denen man als Untergrund der potent. Bedeutung, falls man auf einen Wunsch zurückgehen will, höchstens einen ironisch gemeinten Wunsch setzen kann. Vgl. S. 8: *Habn wir das einzige Töchterlein, mächt' uns das wohl ertrunken sein.* So auch in Baiers Chron. 873: *Möchten wol die leut den tot oder was anderf3 daran gessen haben.* Hier wie in der Phrase: *Wöi mächt' i näa˙ ria⁴n* (wie könnte ...) oder: *Dau mächt' si äins buglat lächcn* (neben *kanni'*) tritt die ursprüngliche Bedeutung von mögen hervor. Aber auch diese Bedeutung ist verblasst in jenen nicht seltenen Fällen, wo — abweichend vom Nhd. — *mächt'* unbedenklich für das rein condicionale würde (*werat*) gesetzt ist: *Dear˙ mächt' owa schäua (gschaut' ho˙m)!* sc. wenn er das erführe. — Der Gebrauch von *kanni'* und *sollt'* entspricht im ganzen dem nhd. Sprachgebrauche. Doch stellen einzelne Umschreibungen mit *kanni* eine bereits S. 8 bemerkte Annäherung des potentialen Sinnes an den optativischen dar, und *sollt'* wird vielfach = *werat* (also auch = *mächt'*, *wollt'* in diesem Sinne) verwendet. *Dea˙ sollt owa ˙lugn g˙mächt ho˙m!*

Zur Umschreibung jenes „bescheidenen“, „vorsichtigen“ Conjunctivs jedoch, der im Nhd. gerade sollte, wollte und namentlich dürfte bevorzugt, wählt die Mundart (außer *mächt'*, *kanni'*) lieber den Indicativ von wollen ; also nicht: *Dös sollt' i mäina*, sondern *Dös wüll i m.* (seltner *wollt'*.) Dürfte dient nie diesem Zwecke, sondern hat stets eine jener Bedeutungen, die an einer früheren Stelle (Unters. I. S. 40) angeführt worden sind (= brauchen, nöthig haben u. s. w.)

Ueber die Verwendung des Futur. I. u. II. als Potentiales der Gegenwart und der Vergangenheit [2]) wurde schon Unters. I. S. 35. gesprochen.

Nebensätze.

Die ursprünglich bloß logisch-psychologische Unterordnung eines Satzes unter einen anderen fand in allen Sprachen erst nach und nach ihren besonderen sprachlichen Ausdruck durch die Wortstellung, durch besondere Einleitungswörter und z. Th. durch den Modus. Es fragt sich, auf welchem Punkte dieser Entwicklung unser Dialect steht. Da ist nun wie in anderen Dialecten [3]) die Beobachtung zu machen, dass die Nebenordnung in vielen Fällen bevorzugt wird, wo die Schriftsprache sich der Unterordnung bedient, u. zw. so ziemlich ausschließlich

a) statt des rein erläuternden (nicht beschränkenden) attributiven Relativsatzes, z. B. eines solchen, welcher Namen, Herkunft u. s. w. enthält: *Da Mülla va X— ea˙ häi/3t (schreibt si) Weis;* — oder: *ea˙ is*

---

[1]) Vgl. auch Unters. I. S. 89.

[2]) Ebenso im Mainzischen, wo das Futur. die temporale Bedeutung sogar völlig eingebüßt hat. Reis § 19.

[3]) Vgl. Binz § 141 (Baselst.) und Reis § 20. (Mainz.) N.-Öst. Nagl. Roanad S. 501, § 271. (Übersicht.)

va Sànda u. s. w.; übrigens nicht selten auch statt des einschränkenden Relativsatzes. So schon in Baiers Chronik, z. B. 583: *Dem 20. martzi hat man sue Arckberg auch einem pedtler auf das rath gelegt, hat sechs Mord gethan, ist das sein* (des vorhergenannten Jobst) *gesell gewefzen.* [1])

b) Regelmäßig statt eines NS mit als nach *grôd, kamm* (kaum). *Grôd how i hī gäih welln, is a kumma.* Lorenz S. 91: *Kamm wàa r a ewa am neua Huaf afzuagn gwesn, wàa᾽ die Àlt à scho dàu.*

c) Regelmäßig statt eines dass-Satzes (oder eines Infin.) nach es scheint, welches in der Form *mia scheint (m. scheints)* oder *scheint ma* in den HS eingeschoben wird: *Dea᾽ künnt* (kommt) *mia scheint à nimma r an Schuldan assa.* [2])

Häufig, aber nicht ausschließlich [3]) üblich ist die Nebenordnung a) statt eines Subject- oder Objectsatzes mit dass: *J siah scho, du moghst niat.* Auch der mit und angefügte Imperativ nach *untastäih di (untastäih di u sôgh dean a Woa᾽t davàa᾽!)* gehört hieher. [4])

b) Statt eines Folgesatzes mit so dass: *Dean gäihts sua goul, 's kannt᾽ nan gàua nimma bessa gäih.* Hieher gehören auch die zahlreichen Anknüpfungen mit „und" nach einem „so": *D᾽ Leut wàa᾽n . . . . sua gottsfürchti u ho᾽m . . . . a Kirchn bauan làua.* Lorenz, S. 12.

c) Statt eines Vergleichungssatzes: *A . . . Blick is grôd sa vül, àls du siahst mi tausendmàl.* (Volkslied aus Eger und Plan. D. V. S. 191 Nr. 162.)

d) Statt eines Causalsatzes: *Diats hats du dàu afg᾽wàcksn, sa möits du nu wissn . . . .* Lorenz S. 56. Auch die causale Bedeutung des mit *ß jà* angefügten HS gehört hieher. (Vgl. Unters. I. S. 14.)

e) Statt eines Finalsatzes, aber nicht regelmäßig wie etwa im Nd. (Wegener in Pauls Grundriss I. S. 944.) Den finalen Sinn erzeugt die Umschreibung mit wollen oder sollen: *Dös thou i niat; 's soll kàina sogn . . . .* (damit niemand sage . . . .) *J bin nu amàl ei᾽, ho welln nu wos darettn,* (um etwas zu retten.)

f) Statt eines Bedingungssatzes steht häufiger als in der Schriftsprache ein Frage- oder Befehlssatz, wobei die Selbständigkeit der Frage in ursprünglicher Weise im Tone hervortritt. *Wüllst mid fàa᾽n?* — *Àffa mou3t di fei᾽ tummeln.*

g) Statt eines Modalsatzes mit indem oder dadurch dass . . *Öitza zeigh amàl dein Màa᾽ u làu niat nàu!* (Namentlich nach einem Imperativ.) — Hieher gehört endlich auch der Adversativsatz mit und = während, der Exceptivsatz (statt mit dass nicht oder ohne dass) in Hauptsatzform, der Concessivsatz mit „und doch", sowie der indirecte Fragesatz in der Form und Stellung des directen, (*i fràugh niat danàu, is a reich oda*

---

[1]) So wird auch der im Baselstädt. (Binz, § 183) formelhaft gewordene Relativsatz (*er grüe/3t mi frindlig,*) *was me sage ko* in unserem Dialecte durch die coordin. Formel: *dös mou ma sogn* ersetzt.

[2]) Im Mainz. bloßes *scheints.* Reis, P. u. Br. Beitr. XVIII. S. 481.

[3]) Diese Fälle sind hier nur der Vollständigkeit halber angeführt; sie finden sich z. Th. auch in der Schriftsprache, besonders aber in der Umgangsprache, wo auch der Gebildete sich vielfach in parataktischen Wendungen ergeht.

[4]) Ähnlich auch *sd sua goul u fràugh . . .* Matthias, Sprachleben. S. 322.

arm,) Formen, die der Mundart nicht mehr und nicht weniger geläufig sein dürften als der nhd. Schriftsprache.

Auch an die Stelle der Unterordnung der Nebensätze untereinander tritt oft die Beiordnung: *Wennst dös niat wissn schöllst, wennst nu sua gàua dumm sa̅ schöllst* ... (Urban in der Erzgeb. Ztg. 1896, No. 3, S. 69.)

Im allgemeinen lässt sich also sagen, dass der Dialect in Bezug auf die Fähigkeit und die Neigung zur Unterordnung hinter der nhd. Schriftsprache nur auf gewissen Gebieten merklich zurücksteht. Dies schließt jedoch große individuelle Unterschiede in Bezug auf diese Fähigkeit und Neigung nicht aus.

Aus dem Verhältnis der Beiordnung zur Unterordnung allein könnte man übrigens leicht ein falsches Bild von der Entwicklung der Subordination in der Mundart überhaupt gewinnen. Dem Nebensatz steht nicht bloß der coordinierte Satz gegenüber, sondern vor allem der einzelne Satztheil, den er im übergeordneten Satze vertritt. Und hier gibt es nun Fälle genug, in denen die Mundart die Bestimmung durch einen ganzen Nebensatz jener durch einen einzelnen Satztheil bei weitem vorzieht. So wird 1) die Apposition regelmäßig durch einen Satz mit *wos* ersetzt: „Er hat den Wirt, den eigentlichen Angeber, verklagt", heißt: *Ea̅r hàut an Wia̅t, wos da ei̯hentli A̅geba wàa̅r, vaklàgt.* — 2) Statt einer Häufung adjectivischer oder substant. Attribute zieht der Dialect vielfach ganze Attribut-Sätze vor und wechselt dabei gerne zwischen neben- und untergeordneten Sätzen ab: „Ein schönes, erst vor kurzem erbautes, in einem Garten liegendes Haus": *A schäi̯s Haus, wos nu niat làng bauat wàa̅n is — ·s stàiht mittn in ara̅n Gartn* u. s. w. — 3) Auch für gewisse adverbiale Bestimmungen treten vielfach lieber Adverbial-Sätze ein; so für Zeitbestimmungen: Nach Sonnenuntergang heißt nur: *wenn d' Sunna r untagànga r is* oder *wöi d' S. u. wàa̅r ;* für Best. des Grundes: wegen Armut = *wàl a arm is ;* besonders aber für Best. der Art und Weise (oder ein entsprechendes Attribut) sind Consecutivsätze beliebt, in denen der Egerländer jene Bestimmung durch drastische Übertreibung der Folgen einer Handlung veranschaulicht ; diesen Hang zur drastischen Übertreibung [1]) hat schon Habermann („Aus dem Volksleben des Egerlandes" 1886, S. 103 f.) als vorspringenden Charakterzug der Egerländer gekennzeichnet. Er schrie sehr stark: *Ea̅r hàut g·schria, da ma denkt hàut* (eine besonders beliebte Einleitung dieser Sätze) *ea̅r steckt da̅an Spies.* Er rauchte in mächtigen Zügen: *Ea̅r hàut duawelt, da ma denkt hàut, d' Hoslnussstau̯n ludat.* (Urban in d. Erzgeb. Ztg. 1893. S. 174)[2]) Bei diesen adverb. Bestimmungen fällt besonders ein Umstand ins Gewicht. Die im Schriftdeutschen so weit vorgeschrittene Bildung von abstracten Substantiven, deren Ausbreitung und Übergewicht über das Verbum von Matthias (Sprachl. und Sprachsch. S. 152) auf die begriffliche Schulung des letzten Jahrhunderts zurückgeführt wird, steckt in der Mundart noch in sehr bescheidenen Anfängen. Die mit solchen Substantiven gebildeten Wendungen (bei der Aufhebung, Anhörung, durch die Verdrängung und andere Ver-

---

[1]) Derselbe tritt auch in Vergleichen zutage.

[2]) Ähnlich im N.-Öst. Nagl, Rounad z. V. 368. Doch bricht hier der Satz nach dass gerne ab. In unserem Dialect ist das nicht der Fall.

kürzungen) werden im Dialecte noch unverkürzt in Sätzen, vielfach in NS, gegeben.

Zwischen der Beiordnung und der Unterordnung erwachsen in der Mundart interessante Uebergangs- oder Mischformen; so z. B. Sätze mit einleitender unterordnender Conjunction und der Wortstellung des Hauptsatzes. So hörte ich: *Blei no dàu, wal i mou àffa sua wöi sua in d' Stöd;*[1]) oder umgekehrt Sätze mit einleitender beiordnender Conjunction vor conjunctivischem Heischesatz: *Da Vôda lasst schöi̅ bittn u Sie mächtn 's niat var üwl nemma*[2]); oder vor doppelgliedrigem Concessivsatz in der Frageform: *u is 's Togh oda is Nàcht.* (DV. S. 185, N. 150 aus Plan.) Nagl (Roanad z. V. 90) erklärt solche Fügungen im Hinblicke auf mhd. Verbindungen wie *an dem tac, unde er geboren wart* aus der Erhaltung einer unterordnenden Kraft von *und.* Allein wenn man erwägt, dass nicht nur Heischesätze, Relativsätze (vgl. weiter unten) und im N.-Öst. auch Fragesätze,[3]) sowie der Imperativ, von welchem im Dialecte sonst keine Spur im Nebensatze erhalten ist, durch „und" an einen Hauptsatz angefügt sind, sondern auch umgekehrt der Hauptsatz durch *und* an den Nebensatz angeschlossen wird (z. B. *Witt du 's et anderst han, und so scheid i dann* in einem schwäb. Gedichte von Möricke DM I. 291) — so ist es wohl besser, eine Vermengung der beiden Verbindungsarten anzunehmen. Der untergeordnete Gedanke wird eben doch als ein Selbständiges neben dem anderen Gedanken gefühlt und als solches durch die beiordnende Conjunction „und" gekennzeichnet. Eine Erinnerung an die alte Function des „und" mag den Untergrund gebildet haben, auf dem jene Vermischung ungehindert erwachsen konnte. Endlich treten auch beiordnende und unterordnende Conjunctionen neben einander: *Wos wea'n ann meina Leut sogn, u wenn i wia kàä Gros màia hàim trogn* (in dem bekannten Liede vom „schmoln Rài". Ebendaselbst *u wal* . . .). *U wenn* . . . (DV. S. 27, N. 47,) *u dass* (DV. S. 193, N. 167) u. ö.[4]) Charakteristisch tritt diese Mischung in der Verbindung von denn und weil auf, die mit eingeschobenem warum? (*denn wàrum wal* . . .) als individuelle gewohnheitsmäßige Phrase nicht selten beobachtet werden kann.

Bemerkenswert ist das Herausfallen aus der Unterordnung in gewöhnlicher Rede, sobald mehrere gleichartige Nebensätze aneinandergereiht werden sollten.[5]) Diese Erscheinung ist viel weiter ausgedehnt als im Schriftdeutschen, wo besonders Relativ[6])-, Bedingungs- und Ver-

---

[1]) Auch im N.-Öst. tritt gerade nach *weil* diese HS.-Stellung am häufigsten ein. Nagl, Roanad. z. V. 187.

[2]) Dieses „pleonastische" und ist auch im Mainz. (Reis, P. u. Br. Beitr. XVIII. S. 510) und im Baselstädt. (Binz § 139, 1 d) heimisch.

[3]) *Sö-mar* (sage mir) . . . *und wie bist dan* . . . Nagl, Roanad z. V. 210.

[4]) *Und* vor dem Relativpronomen (mit Nebensatzstellung) habe ich in unserem Dialecte nicht beobachtet; doch ist es im Oberbayr. bezeugt: *Was nützt mi e Ringl und dis i nit trag'.* DM. III. 172, 16; vgl. DM. II. 395, 2, VI. 429, 4.

[5]) Der rhetorische Affect baut allerdings auch beim Volke Perioden mit vielen gleichartigen Vordersätzen oder Nachsätzen.

[6]) Sanders, Hauptschwierigk. S. 87, 7). Andresen, Sprachgebrauch und Sprachrichtigkeit, S. 220. Ebenso im Baselst. Binz § 134. Mhd. Beispiele bei Paul, Mhd. Gramm. § 345. Bezüglich der Bedingungssätze im Mainz. Reis, P. u. Br. Beitr. XVIII. S. 506.

gleichungssätze ın Betracht kommen. So auch im Dialect: *Wemma öplaugt a'n Wold hàimkumma r is u du bist* .... *af mi zoukumma* (Urbun, Erzgeb. Ztg. 1895, N. 3, S. 68.) — *Gröd, als wenn àina r tn Sumpf einig'ràu⁴n wà u ea, schreiat üm Hülf.* (Lorenz, S. 9.) Im nordgauischen Dialect aber gilt dies auch für dass-Sätze: *Ner dass der iss der èierst giwfst, und er, er wàr der zweit.* (Weiss in einem Nürnberg. Ged. D. M. IV. 119.) Diese Erscheinung zeugt von einer gewissen Fahrlässigkeit, wo nicht von einem gewissen Unvermögen sprachlich-logischer Consequenz, die etwa so zu erklären sein möchte, dass das Vermögen und das Bedürfnis dieser Consequenz durchkreuzt und in der Entwicklung gehemmt wird durch das unbewusste Bemühen des gemeinen Mannes, die Wichtigkeit des Gedankens in die ihm angemessene, natürliche Form des Hauptsatzes zu kleiden. Durch ein lässiges, mehr dem Inhalt als der Form zugewandtes sprachliches Gedächtnis, das anakoluthische Bildungen aller Art fördert, wird diesem Bemühen gewissermaßen die Bahn freigegeben.

Wortstellung.

Von den oben angegebenen drei sprachlichen Mitteln der Unterordnung, der Wortstellung, der Einleitung durch Conjunctionen und dem Modus, weist die erstere verhältnismäßig wenig dialectische Besonderheiten auf.

1. Die Stellung des Frage- und des Relativ-Pronomens (bezw. -Adverbiums) sowie der Conjunction am Anfange des Nebensatzes ist im großen und ganzen auch im Dialecte die Regel. Daneben aber ist die schon im Mhd. [1]) und in beschränktem Umfange auch im Nhd. zu beobachtende Voranstellung eines Satztheiles vor das einleitende Wort zum Zwecke der Hervorhebung etwas durchaus Gewöhnliches und jedenfalls weiter verbreitet als in den genannten Sprachen; so besonders in Sätzen mit wenn [2]): *Da r Àll' wenn si drümm àà-nemmat* ...; — *da Stàà wenn da r am Fouſz füllt*; aber auch sonst: *Jn d'Stumm* (Stube) *wöi a kumma r is.* Bemerkenswert ist besonders die Abtrennung trennbarer Compositionstheile, die im Nhd. unzulässig ist:

doa }
hi   } *wenn i kumm, af wenn i stäih, mit wenn*
assa }

a gäih wüll u. s. w.

2. Für die Wortfolge innerhalb des Nebensatzes gilt das im Mhd. wie im Nhd. giltige Schema. [3]) Doch wird, wie schon im Mhd., öfter ein Satzglied dem Verbum finitum nachgesetzt, so a) ein Infinitiv oder ein Particip, u. zw. nicht bloß, wie im Nhd., wenn von der zusammengesetzten Form eines Verbums noch ein Infin. abhängig ist, („wenn er hätte kommen wollen",) sondern auch in anderen Fällen: *Wöi a r àffa is an Wold assakumma; wemma 'n häit s Zeigh àlls davàà trogn.* Auf

---

[1]) Paul, Mhd. Gr. § 355.
[2]) Ebenso im Oberbayr. DM. III. 240, 22.; 3, 25.
[3]) No. 4 bei Paul, Mhd. Gr. § 183.

diese Weise entsteht, wenn das Verbum finit. unmittelbar hinter das
Subject tritt, oft das Schema der Wortfolge des unabhängigen Satzes,
wie es die poetische Sprache in alter und neuer Zeit im NS zuläßt.
(*Dem si wart sider untertàn.*) Im Dialect ist es auch in gewöhnlicher
Rede weit verbreitet; so nach *wal*: *Wal i mou sua wöi sua in d' Stôd
gäili*. (Vgl. oben S. 17.) Bei Lorenz S. 31 in einem Gedichte: *Wal i
mou ma bissl Mülch u Schmolz u siinst wos vakaffm.* — Nach *àls*: *Mia
r is 's asua vüa'kumma, àls i häit nan scho amàl g'seah* (als hätte ich...)
Ich entsinne mich kaum, die nhd. Fragestellung nach *àls* in mündlicher
Rede beobachtet zu haben. Wohl aber finden sich schriftliche Beispiele:
Du is ma r àlawal, àls steckat i in aran Sôk vula Nàudln. Lorenz,
S. 35 (in einem Gedichte). — Der Satz: *Als häit i an Kumma*
(in dem Liede: *S Häusl am Roi* DV. S. 210, N. 199 a) gehört einem
nicht specifisch egerl., weit verbreiteten Volksliede an. — Nach *sam*,
als sam, sam àls: *Dea' häut weita niat dagleichn thàu, àls sam ea' häits
niat vastàndn.*

Arten der Nebensätze nach den einleitenden Wörtern.

Indirecte Fragesätze.

Die Frage-Pronomina und -Adverbia sind dieselben wie im Nhd.
Unter den Adv. fehlt wann (und von wannen). Das Pron. welcher muss
entweder den Artikel zu sich nehmen: *da wecha* = welcher von zweien
oder von mehreren, auch *da wölla*[1]), oder es setzt die Endung nochmals
an: *wechara* (gew. welcher-er.)[2]) Was = was für ein kommt zwar in Baiers Chron., aber nicht in
unserem heutigen Dialecte vor: *Gott weiſz, was End er genohmen.* Baier
861.[3]) Was vor einem Adjectiv ist = wie: *Du wäiſzt niat, wos dea'·
Mensch bäis sa kàa.*[4])
Außerdem ist was = warum, wozu, weit häufiger als im Nhd.
Eine dial. Besonderheit ist das Festhalten an den unverbundenen
Praep.-Verbindungen: *In wos, af wos, as wos, üwa wos, wegha wos, za
wos* u. s. w., wobei *wos* unverändert bleibt.[5]) Die Formen worin, worein,
worauf, woraus u. s. w. fehlen der eigentlichen Volkssprache gänzlich[6]).
Neben *wàrum* wird besonders in finalem, aber auch in rein causalem
Sinne die alte Instrumentalform *va wà* (mhd. *von wiu*, N.-Öst. *wei* =
warum) gebraucht.
Indir. Satzfragen werden außer durch *ob* auch durch *wos* (=ob) ein-

---

[1]) Vgl. franz. *lequél*. Artikel auch im N.-Öst. Nagl, R. S. 168.

[2]) Ebenso im Bayr. Schmeller unter w.

[3]) Im Ausruf kommt das Rel.-Pronomen was mit vorangeschicktem Substantiv
einem "welch ein, was für" ein gleich. *Däi Hitz, wos* (auch *döi) 's hei't häut !*

[4]) Auch in Ausrufen : *Wos des Hulz hart is!* Niederl.: *Bat dat Holt harte ts!*
DM. III. 261, 53.

[5]) Ebenso im N.-Öst. Nagl. R. S. 486, vgl. 331.

[6]) Die entsprechenden Demonstrativa *drin, drüa, dràs, dräf* sind neben *in dean,
üa dean, às dean* u. s. w. gebräuchlich.

geleitet. *Hab ich enk nur versuchet, wats ös* (= was ihr) *nicht scheltet oder fluchet.* (Egerer Volksl. D. V. S. 88.) *Schau mi* . . . *um, wos kaa⁻ Mensch nàuchara kummt.* (Volksl. aus Plan, DV. S. 172, N. 126 c.) Beide Bedeutungen (was und ob) klingen an in dem Beispiele: *Wea͡r wàiß, wos dea͡r Thola màia gilt owa niat'.* DV. S. 361, No. 816. [1])

Bei der weit ausgedehnten Verwendung von was (= was, warum, wozu, wie) in der unabhängigen und z. Th. auch in der abhängigen Frage ist der Uebergriff auf das Gebiet der indir. Satzfrage schon an sich nicht verwunderlich. Dieser Uebergriff könnte aber sehr wohl noch erleichtert worden sein durch den Process der Zusammenziehung verschiedener Fragen, die häufig mit einander verbunden erscheinen, nämlich einer allgemeinen Frage mit was und einer speciellen mit ob (bezw. ob—oder.) Z. B.: Ich fragte ihn, was er denn von mir denke; ob er denke, dass ich zu schwach sei, oder u. s. w. Von diesen Sätzen sitzt der mit ob eingeleitete schon wegen des Charakters einer bloßen Wiederaufnahme des ersten Satzes am lockersten im Gefüge und wird auch thatsächlich zumeist ausgeschaltet: Ich fragte ihn, was er denke . . dass ich zu schwach sei? Durch eine engere Verbindung (ein rascheres Zusammensprechen) der allgemeinen und der Detailfrage konnte das Sprachgefühl angeleitet werden, die zweite Frage der ersten unmittelbar unterzuordnen, und so die erste mit *was* selbst als Satzfrage zu nehmen (was = ob). Die Vielseitigkeit und darum Unbestimmtheit der Bedeutung von *was* stellte einer solchen Wendung der Auffassung jedenfalls kein Hindernis in den Weg: *I hô nan g·fràugt, wos a r ann va mia, denkt, da r i s·schwôch bin.* (= ob von mir denke, dass ich . . .)

Dass *ob* in unserer Gegend in der alten (mhd.) Bedeutung = wenn gebraucht würde, habe ich nicht bemerkt. Wenn in der Mundart von Hersbruck (bei Firm. III, 305) ein Satz begegnet, wie: *Ob dorten ober Engel sen, dös war a b·sundrer Fal,* so steht hier auch die Erklärung einer freieren Anknüpfung des Fragesatzes offen. [Ob . . . sind? (frage ich.) Das wäre u. s. w.]

Während die directe Frage die enclitische Form von denn: *enn, ann,* nur ausnahmsweise entbehrt, ist sie in der indirecten Frage minder heimisch, am wenigsten wird sie nach einem mit einer Praeposition verbundenen Pronomen vermisst: *Fràugh nan af wos a nuch wart'.*

Zu einigen Frage-Pronominen und -Adverbien tritt noch *àls* hinzu: *Da wecha r àls,* (nie zu einfachem *wea͡r, wos,*) *wöi (schöi⁻) àls, wàrum àls.* [2])

Der häufigste Zusatz ist jedoch wie in anderen Dialecten [3]) die Conj. *dass,* besonders häufig nach Pronom. mit einer Praeposition (nur ausnahmsweise nach *wea͡r,* wohl nie nach *wos*); also: *in wos da(s),*

---

[1]) Im Ostlechischen vertritt das adverbial gebrauchte *was* nicht nur „ob", sondern auch „nur", „außer" und „als"; es ersetzt also das ältere „wan". Schmeller, Bayerns Mundarten S. 213. Ähnlich im O.-Öst., z. B. nichts was = nichts als: *Dô hom mir than, was g·roft* (F. Stolzhamer, Neue Gedichte, 1846 („An meine Praenumeranten".) Im N.-Öst. steht *wöu* (mhd. *wâ*) — ob Nagl, Roanad, z. V. 111.

[2]) Ähnlich im Oberbayr. DM. III, 239, 3, 2; O.-Öst. DM. II. 92, 49.

[3]) Baselst. Binz § 78, N.-Öst. Nagl, Roanad, S. 68. Über die Verbreitung bei classischen Autoren und modernen Schriftstellern vgl. Sanders Z. f. d. Spr. 1894, S. 14 ff.

ɛa wos da(s), *wegha wos da*'s), *warum da*(s), *va wâ da*(s), *wöi* . . .*da*(s),
hier immer durch ein Wort getrennt: *Wöi ʄld da r i bin?* Lorenz,
S. 7. Uebrigens tritt, was hier gleich im Zusammenhang bemerkt
werden mag, die Conj. *dass* auch zu den Temporal-Conj. *aih, dasida,
bis*, sowie zu *asta-asta* = je—desto, u. zwar hier im ersten, vereinzelt
auch im zweiten Gliede: *Asta öfta da ma 's* (das Heu) *ümmwendt, asta
schlechta dass* (= *das* '*s*) *is*. [1])
Zur Erklärung des ersten Zusatzes (*als*) wird man auf die alte
Bedeutung von so, verstärkt *al-so* (mhd. *alsô, alse, als*) = nhd. *wie* zu-
rückgreifen müssen. Vermöge dieser Bedeutung konnte *als* u. a. auch
in der Correlation: so — wie an die Stelle des relativen Gliedes treten:
Sua gràuʃʒ wöi, daneben *sua gràuʃʒ als* oder häufiger beides: *als wöi*.
Wenn jedoch „wie“ in der abhängigen Frage für sich, ohne demonstratives Correlat, erschien, so lag freilich an sich keine Nöthigung vor,
es etwa aus der Verbindung mit dem Adjectiv oder dem Adverb noch
einmal herauszuheben; und doch geschah das wirklich, zufolge der Analogie, welche das vertraute Schema der Correlation wenigstens äußer-
lich auch auf diesen Fall anwendete. Nur trat statt der Wiederholung
des *wie* (*wöi schöi* *wöi*) regelmäßig das gleichbedeutende *als* ein: *Wöi
schöi als*. Kurz, nach *sua schöi als* wurde auch *wöi schöi als* gebildet. Die anderen Verbindungen können als Producte fortwirkender
Analogie angesehen werden.
Den zweiten Zusatz zum Frage-Pron. (-Adv.), dass, möchte Binz,
§ 78 als Wirkung der Analogie erklären, die von den Conjunctionen
bis dass, seit dass u. s. w. ausgieng. Hier ist allerdings der Beisatz
schon alt, (mhd. *bis das, sit daz, ê daz, die wile das*,) und aus dem Ursprunge dieser Conjunctionen (als solcher Bestimmungen, die ursprünglich dem Hauptsatze angehören,) verständlich. Wenn etwas gegen diese
Annahme einzuwenden ist, so ist es höchstens die grundverschiedene
Stellung der abhängigen Fragesätze und der Temporalsätze innerhalb
des Satzgefüges, (Subject oder Object dort — adverbiale Bestimmung
hier,) welche die Analogiewirkung zum mindesten nicht begünstigte.
Man darf sich daher vielleicht nach weiterer Unterstützung durch eine
andere Analogie umsehen. Hier bieten sich ungesucht die dass-Sätze
selbst. Zwar ist *dass* noch nicht so weit verbreitet, (wie etwa franz.
que,) dass es nachgerade zur Bezeichnung der Unterordnung überhaupt
unentbehrlich erschiene und sich überall eindrängte, — und dieser Umstand hat Binz a. a. O. abgehalten, eine Analogiewirkung von dieser
Seite anzunehmen; ich glaube jedoch, mit Unrecht. Die abhängigen
Fragesätze sind durchwegs nur Subject- oder Objectsätze, und so ist
mindestens eine Einwirkung der Subject- und Objectsätze mit dass,
welche mit den Fragesätzen die gleiche Stellung im Satzgefüge theilen,
nicht ohneweiters von der Hand zu weisen. — Noch verständlicher als durch

---

[1]) Dabei sind dem einen Dialecte Verbindungen vollkommen geläufig, die in dem
anderen ungebräuchlich sind. So kennt unser Dialect die z. B. im Mainzischen heimi-
schen Verbindungen *we dass, weil dass, wann dass*, (Reis, P. u. Br. Beitr. XVIII, S. 509)
nicht; ebensowenig die Verbindung des Relativpronomens mit dass, die sich z. B. im
Nürnbergischen bei Weikert findet: *An Fisch, den dass er höi häit wölʃler* (wohlfeiler)
häʃt (Firm. II. 387), ja schon *wöi da* (ohne dazwischengeschobenes Wort) klingt nur
bei starker Betonung des *wöi* annehmbarer.

solche Erwägungen würde der Zusatz zum Fragepronomen, wenn sich ein Bedürfnis zu seiner Setzung aufzeigen ließe. Da der Zusatz nur die unterordnende, nicht die fragende Function des Fragewortes unterstützt, so würde ein solches Bedürfnis des Zusatzes zunächst bei der Schwächung der unterordnenden Function sich fühlbar machen. Geschwächt nun konnte die unterordnende Function — falls nicht etwa eine angeborene Schwäche vorliegt, namentlich dann werden, wenn durch die besondere Betonung des Fragewortes seine fragende Function in den Vordergrund gerückt wird. Und es ist nun thatsächlich zu beobachten, dass der Zusatz sich besonders dann gerne einstellt, wenn auf dem Fragewort ein besonderer Ton liegt. Vielleicht ist dies ein Fingerzeig, in welcher Richtung die endgiltige Erklärung dieser Erscheinung zu suchen ist.

Abhängige Fragesätze stehen wie seit dem Mhd. (Paul, Mhd. Gr. § 375) auch elliptisch [1]); dabei wird das Fragewort im Dialect oft stark betont. *Dear is su lätta gout dräskumma — u wos dear älls àà˙g˙stellt häut!* Eine große Menge alleinstehender indirecter Fragesätze wird durch die (schon in den Unters. I. S. 19) erwähnte Gewohnheit erzeugt, die Frage vor der Antwort in indirecter Form wieder aufzugreifen: *Wöi old da r i bin?* Lorenz, S. 17.

Die vielen freien Anknüpfungen der abhängigen Fragen mit o b (*qäih amàl zan Schneida doa, ob da Ruak nu niat firti is*) theilt unser Dial. mit der älteren Sprache, mit anderen Dial. sowie mit der gemeindeutschen Umgangsprache. [2])

Relativsätze.

1. Von den aus den entsprechenden Demonstrativen entstandenen Relat.-Pron. und -Adverb. ist im Dialecte nur der (*dear*) und so (so gut — so gut . .) (*sua*) gebräuchlich. Die im Mhd. üblichen, im Nhd. nur noch in poetisch gehobener Rede erscheinenden Dem. da, darin, darum [3]) u. s. w. fehlen.

2. Die aus den fragenden (bezw. unbestimmten) Pron. und Adverb. entstandenen Relativa sind so ziemlich dieselben wie im Nh d.: *Wear*, *wos*. Dat. u. Acc. masc. und Dat. neutr. g. lautet *wean*, mit dessen Hilfe auch der ungebräuchliche Genitiv wessen umschrieben zu werden pflegt: *wean sa˙* (= wem sein). Das in erster Linie fragende *da wecha* (*da wölla, wöllara*) hört man hie und da auch als Relativ gebraucht [4]), aber nur — *wear. Da wecha r owa dös thäu˙ häut, dear vadei˙t denna . .* Das nhd. *welcher* in attrib. Relativsätzen begegnet zwar in der halb-dialectischen Chronik Baiers (z. B. 548) [5]), aber nie in der heutigen Volks-

---

[1]) Auch in anderen Dialecten z. B. im Mainz. Reis, P. u. Br. Beitr. XVIII. S. 506. Wunderlich beobachtet in der dialectisch durchtränkten Sprache Roseggers eine gewisse Zurückhaltung in Bezug auf ellipt. Fragesätze, während sie in den von M. Halbe in seine Dramen eingeflochtenen Dialecten häufig auftreten. (Umgangspr. S. 113.)

[2]) Paul. Mhd. Gr. § 353, 1. Binz, § 140

[3]) Bei Baier sind diese Rel. nicht selten: *daran* Chronik 550, *darin* 777.

[4]) Im Mainz. und im N.-Öst. (*wöllcha, da wöllchi*) fehlt dieser Gebrauch.

[5]) Auch wird *so* von Baier gerne noch als Relativ gebraucht.

mundart. Relativ-Adverbia sind *wàu* (wo), *wenn*, (= wann; letzteres fehlt als fragendes und als relatives Adverb,) *wöi*. Die Verallgemeinerung der Rel.-Pron. und -Adverb. geschieht nie, wie in der Schriftspr., durch „immer", („auch immer", „nur immer",) sondern entweder durch die bloße stärkere Betonung: *J nimm, wos a* ma *gitt* (= alles was), oder durch *no* [1]) (verstärkt: *no grôd*): *Wos a no (no grôd) i̇ftrei̇ᵇm kàa̋*. Die im N.-Öst. so verbreitete Verallgemeinerung durch *dawöll (wea dawöll, wia dawöll* u. s. w., auch *unt - dawöll, hôlld*, Nagl, Roanad, S. 486, § 203) entspricht den in unserem Dialecte üblichen Sätzen mit wollen (in allen Personen, wenn auch am häufigsten in der 3. Sing.) *Js a* (oder *is ·s) wea r a (wea r ·s) wüll; thoust, wos d' wüllst; thouts wots wellts* u. s. w. Auch die Verallgemeinerung durch Wiederholung des Verbums ist zwar bekannt, *(is ·s àffa scho wöi ·s is.)* aber außer beim Verbum *sein* doch nicht sehr verbreitet.

Ueber das Relativ-Pron. ist im besonderen noch Folgendes zu bemerken:

Attributive Relativsätze werden eingeleitet: durch *dea*, *döi, dös*, u. zw. allein [2]), oder weit häufiger mit *wos* (für alle Geschlechter und beide Numeri) gestützt, [3]) oder endlich durch indeclinables *wos* allein. Statt *wos* wird bisweilen kurzes *wo* gehört. [4])

Singular.

Masc.		Fem.		Neutr.	
N. *dea wos*	oder *wos*	N. *döi wos*	oder	N. *dös wos*	oder
D. A. *dean wos*	allein.	D. *dera wos*	*wos*	D. *dean wos*	*wos*
		A. *döi wos*	allein.	A. *dös wos*	allein.

Plural.

N. *döi wos* od. *d. wo'n (wosn)*, auch *wos (wo'n)* allein.

D. *deanan wos*
A. *döi wos* } oder *wos* allein.

Z. B. *Wos: Sülwa r u Gold, wos sünst va dean Haidan z· Opfa trogn woa'n is.* Lorenz, S. 12. — *Röslen, was oben am hohlen Wege stehen.* DV. S. 119, No. 28 a (aus Eger). — *Wo: S klài⁻ Mài⁴l wài̇fʒ nial, wo ma fahlt.* Lorenz, S. 26. — *Dös Feua, wo mia hőᵇm.* Lorenz, S. 13. — *Dea⁻ wos: Alla Kinna, döi wo'n niat roua. Dea⁻: Van Knüttelwegh, dea⁻ sᵉlwa scho schleat g'nough wàa⁻.* Lorenz, S. 8. Vgl. Lorenz, S. 13, *(Feua, dös ..)* S. 10, *(Leut döi)* E. J. XIV, 121, *(Wàiz, dea⁻)* DV. S. 215, 206 a. *(Gàʒn, döi.)* Nach diesen Beispielen zu urtheilen, wäre der Gebrauch des einfachen Rel. ohne stützendes *wos* ziemlich häufig. Allein in unserer Gegend wenigstens glaube ich es weit weniger häufig gehört zu haben als das mit der Rel.-Stütze versehene *dea⁻ wos*. Denn im allgemeinen steht *dea⁻ wos* und *wos* in Bezug auf die Häufigkeit der Verwendung an

---

[1]) Ähnlich in N.-Öst. *na.* Nagl, Roanad z. V. 284.

[2]) Das Mainzische kennt das einfache Rel. nicht mehr. Reis § 21.

[3]) Nagl, Roanad. S. 486 § 200 hat dieses zur Stütze der relat. Bedeutung des Dem. *dea⁻* dienende indeclinable *wos* geradezu die „Relativstütze" genannt. Im N.-Öst. wird übrigens neben *wos* auch *dass* als Relat.-Stütze gebraucht, in unserem Dialecte nicht. Vgl. S. 21, Anm. 1.

[4]) Außer *wer, was* kennt der Baselst. Dial. überhaupt bloß die Rel.-Partikel *wo*; Binz § 131, der Mainzer D. *wo* und *der die das, wo*. Reis § 21.

erster, *dea,* an zweiter Stelle. Der Gebrauch des einfachen *wos* unterliegt allerdings gewissen Beschränkungen. Zur unveränderlichen Relativpartikel erstarrt, kann es den Unterschied der Casus nicht ausdrücken, und deshalb tritt es nie für einen Casus obliq. (= dem, der, denen) ein, falls das Beziehungswort nicht in dem gleichen Cas. obliq. steht und so nicht nur mit seinem Inhalte sondern auch mit seiner Form auf das Relativ hinüberwirken kann. Also kann in dem Satze: *A Mensch, wos nemmats an Pfenigh gitt* das Rel.-Pron. entsprechend dem Beziehungsworte nur als Subject (= der), nicht aber als Dat. (dem) verstanden werden. Hingegen kann *an Menschn* (— einem M.), *wos nemmats a. Pf. gitt* heißen: dem niemand . . . . gibt. Nom. und Acc. hingegen zeigen mit Ausnahme des Masc. Sing. ohnehin auch beim Pron. *dea* gleichlautende Formen (*die, das*), daher unterliegt in diesen beiden Fällen die Vertretung durch *wos* keiner Beschränkung, außer etwa, — wenn auch nicht regelmäßig, — beim Masc. Sing. Man sagt wohl auch hier nicht leicht: *Da Bâm, wos* (= den) *a ôgsägt hàut,* wohl aber *dean (an) Bâm, wos a ô. h.* [1])

Über die beliebte Erweiterung der Apposition zu einem Appositions-Satz mit dem Rel. *wos* wurde schon S. 16 gesprochen.

Mit Beziehung auf einen ganzen Satz steht *wos* fast nur, wenn dieser Satz nachfolgt, z. B. in der Formel: *Wos i sogn wüll:* *J brauch* u. s. w. Im übrigen ist *wos* schon wegen seiner weiteren dial. Bedeutung (— der, die, das) zur Beziehung auf einen ganzen Satz ungeeignet. *Ea^r hàut a Haus kafft, wos ma gföllt* heißt im Nhd. unzweideutig „was (das Kaufen) mir gefällt", im Dialect aber zunächst immer: „ein Haus, welches . . . Deshalb tritt in den meisten Fällen die Coordination mit *und dôs ('s)* ein: *Ea^r is reich wàa'n u i vagünn nan 's* (was ich ihm v.)

Es bleibt nur noch hinzuzufügen, dass vereinzelt, u. zw. mit Beziehung auf unbestimmte substantivische Pronomina wie niemand, jeder, auch *wer* im attrib. Relativsatze gebraucht werden kann, was von neueren Grammatikern zwar nicht gebilligt wird, aber selbst bei den besten nhd. Schriftstellern (Goethe, Jean Paul) gelegentlich vorkommt. [2]) — *Dea^r wos* ist in allen attrib. Relativsätzen anwendbar. — Der Gebrauch von *wos* als Relativstütze oder auch allein ist in der eigentlichen Volksmundart so tief eingewurzelt, dass der Mann aus dem Volke in diesem Gebrauch auch dann zu verfallen pflegt, wenn er sich die größte Mühe gibt, im übrigen schriftgemäß zu sprechen. („*Der was, die wassn*" u. s w.). Auf eine ähnliche Erscheinung in anderen nordböhmischen Gegenden lässt es schließen, wenn O. Grimm in einer Erzählung in d. Erz.-Geb. Ztg. 1892. S. 41 den bäuerlichen Dorfschulinspector sagen lässt: *Jck ho na* (sc. dem Bezirksschul-Insp.) *da Hand gahm unn ho gonz huchdeutsch zu na gasocht:* „*Ja ja, Herr College, mir müssen fest zusammenhalten für alle, die wassn noch klain sind*".

Substantivische Relativsätze können durch *wea^r* [3]), *wos,* oder durch *dea^r wos (wo), da wecha, dea,* eingeleitet werden, u. zw.

---

[1]) Auch im N.-Öst. genügt bei der Beziehung des Rel.-Pronomens auf einen vollen Substantiv-Begriff das bloße *wos*. Nagl, Roanad S, 331, z. V. 353. Doch kann hier *wos* ohne Ausnahme nur als Nom. oder Acc. gelten, in den Cas. obl. muss die entsprechende Form von *der* eintreten.

[2]) Andresen, Sprachgebr. und Sprachrichtigkeit. 4. Aufl. S. 215.

[3]) Fehlt im Mainz. Reis § 21.

stehen hier *wea^r* und *dea^r wos* in Bezug auf die Ausdehnung des Ge-
brauches obenan, einfaches *dea^r* ist minder häufig; *da wecha* begegnet
nur vereinzelt.[1]) Endlich scheint auch einfaches *wos* = *wer* zu stehen.
Hier sind jedoch zwei Fälle zu unterscheiden: Sätze mit Praedicats-
nomen wie: *Wos a retta Baua is, dea^r* . . . und Sätze mit Praedicats-
verbum wie: *Wos näa^r Händ g·hàtt hàut, hàut ààpackt* (gewöhnlicher
àlls wos). Der erste Fall ist mit der analogen Verwendung des neutr.
Demonstrativs *das* (dies) als eines persönlichen Subjectes auf eine Stufe
zu stellen: *Dös is a retta Baua*; im zweiten Falle ist die Beschränkung
der Bedeutung auf unbestimmte Personen (*was* = *wer immer*) nicht
nöthig, unter Umständen kann sogar der Schein einer Einbeziehung
anderer Dinge beabsichtigt sein. In beiden Fällen ist es also nicht
nöthig, das Neutrum *was* als ein „Neutrum der unbestimmten Person"
zu erklären (nach Analogie von *àins — s ànna*, (= der eine, der andere)
a jèds, a kranks.) Am ehesten möglich aber ist diese Erklärung noch
im zweiten Falle, wenn *wos* = *àlls wos* steht, denn *àlls* selbst ist die
fast regelmäßige Vertretung für *alle*; z. B. *àlls hàut g·sàgt* = alle
sagten.[2])

Der erste Fall stellt eine Verbreiterung des einfachen subst. Art-
Begriffes dar: *Wos a retta Baua r is* = *a retta Baua*. Oder im Plural:
Wos klàina Häusla san, ho^{i}m klàina Zimma = kleine H. haben. . DV.
S. 372, Nr. 916 (aus Plan.) Die Auffassung des *wos* ändert sich natürlich
auch dann nicht, wenn der Satz die Verbreiterung eines substant. In-
dividual-Begriffes ist: *Wos da r àlt A^{d}l wàa^r, dea^r hàut secha Dinga
niat kennt* (= der alte Adam hat . . .) Vgl. *Dös is da r àlt A^{d}l*[3]).

Soviel zur Feststellung des Sprachgebrauches. Was die Erklärung
der Relativstütze sowie der selbständigen unveränderlichen Relativpartikel *wos*, (*wo*) betrifft, so bietet sich als Ausgangspunkt für die erstere
die Verbindung im Neutrum: *Dös wos*. Von hier aus ist *wos* auch in
das Mascul. und Femin. eingedrungen: *Dea^r wos, döi wos*. Dieses Ein-
dringen hielt wohl gleichen Schritt mit der Beziehung des rel. *wos* auf
bestimmte Nomina aller Geschlechter und beider Numeri: *Dea^r Bàm,
wos . . ., döi Màad, wos . . ., döi Baima, wos . . .* Als Ausgangspunkt
dieser verallgemeinerten Beziehung kann wiederum zunächst die Beziehung von *wos* auf ein bestimmtes sächliches Substantiv angesehen
werden, (— das Geld, was —) ein Gebrauch, der auch in der gemein-

---

[1]) Welcher = wer, im älteren Nhd. erhalten, (z. B. bei Luther, vereinzelt noch
bei Goethe, vgl. Schröder „Vom papiernen Stil", S. 31) begegnet nur in Kinderliedern,
z. B. DV. 443, No. 379 b (aus Plan): *Welche wird die schönste sein, diese wirst du küssen.*
Wenn die Verbindung *derjenige, welcher* zu den Blüten des echten „papiernen
Stiles" gerechnet werden muss, (Schröder a. a. O. S. 31) so ist immerhin beachtenswert, dass im Dialecte zwar nicht diese, aber die verwandte Verbindung *dea^r wos* so
tief eingewurzelt ist.

[2]) Etwas anderes und durchaus berechtigt ist es hingegen, wenn Nagl in n.-öst.
Fügungen wie: *dèis khiaviadn gèd* (= wer (wenn einer) „kirchfahrten" geht) das Rel.
das zu den Neutren der unbestimmten Person stellt. (Nagl, Rosnad S. 830.) Hier ist
keine scheinbare oder wirkliche Verallgemeinerung über den Kreis persönlicher Subjecte hinaus beabsichtigt.

[3]) Über die Verbreitung der einfachen Apposition zum attrib. Rel.-Satze
vgl. S. 16.

deutschen Umgangsprache heimisch ist, ja sogar in der Literatursprache bei J. Mёser, Herder, Goethe, Friedrich Schlegel, sowie bei neueren Schriftstellern immer wieder begegnet, was Schröder (Vom papiernen Stil, S. 32) als Beweis ansieht, dass er, obwohl von der normierenden Grammatik als incorrect verpönt, auf die Dauer doch nicht zu unterdrücken sei.[1]) Von hier aus ist die erweiterte Beziehung des *wos* auf Substantiva anderer Geschlechter immerhin begreiflich, zumal noch ein anderer Umstand hinzukommt. Das einfache *wos* tritt nämlich sehr oft geradezu an die Stelle eines bestimmten Substantivs sammt dem bstimmten Relativpronomen: Die hundert Gulden, die ich dir geliehen habe . . .; dafür: Was ich dir g. h. Das Nebeneinander dieser beiden Fügungen konnte leicht zu einer Verbindung derselben führen: *Döi hunnat Gül[a]n, wos i da borgt ho.* Nachdem auf diese Weise *wos* wie zu Substantiven, so auch zum demonstr. *dea[r]* ohne Unterschied des Geschlechtes und der Zahl getreten war, konnte aus den Fügungen: *Da Brouda, dea[r]* und *da Brouda, wos* unter der erleichternden Beeinflussung der gefestigten Verbindung *dea[r]* (demonstr. derjenige) *wos* leicht eine Verbindung von der Form *da Brouda, dear wos* entstehen.

Wo in diesen Fällen statt *wos* auch kurzes *wo* erscheint, liegt in unserem Dialecte nicht das Ortsadverbium *wo* vor, welches nur *wàu* lautet, sondern nur eine Abschwächung aus *wos*, die man auch sonst hören kann, z. B als Gegenfrage auf einen Anruf (A. *Hàns*! — B. *Wo?*) oder auf eine unverstandene Äußerung (= Was? Was hast du gesagt? gerufen?) Auch jenes der Frage oder der Behauptung angehängte Was? ("Du kommst doch? Was?"), welches eigentlich zur Gegenäußerung drängt, bisweilen aber mit individueller Vorliebe fast jeder Behauptung oder Frage angehängt wird, liebt die kurze Form *wo?*

Diese abgeschwächte Form erscheint denn auch, von solchen Einzelrufen abgesehen, nirgends an der Spitze eines substantivischen Relativsatzes (= wer, was,) wo es zu wenig selbständiges Gewicht hätte, sondern nur nach *dea[r]* oder nach einem bestimmten Substantiv.[2])

Wo fungiert übrigens in allen oberdeutschen Dialecten als Relativpartikel und wird zumeist als das Ortsadverbium *wo* gedeutet. So von Reis § 21, der den allgemein relativen Gebrauch von *wo* aus einer Vermengung zweier Fügungen erklärt: "Das Haus, das er bewohnt, (in dem er w.) und "das H., wo er bewohnt". Des Wohllautes wegen seien das einfache Pronomen sowie die praepositionalen Verbindungen fallen gelassen worden. (Der Egerländer Dialect thut keines von beiden.) Binz § 131 zieht nach Behaghels Vorgange die mhd. Fügungen *er gie zem künege, dà er saz* oder *der dà saz* zur Erklärung heran; beide Wendungen seien vermengt und *dà* durch *wo* ersetzt worden. (*Der wo.*)

In Verbindung mit einer Praeposition findet sich *dea[r]* allein selten ; eher *dea[r] wos* und *wos* allein: *S Hulz, as dean, as dean wos, as wos*

---

[1]) Vgl. auch K. G. Andresen, Sprachgebrauch und Sprachrichtigkeit, 4. Aufl. S. 215.

[2]) Die häufig eintretende Assimilation des Schluss-S von *wos* mit dem consonantischen Anlaut des nächsten Wortes, sowie die pluralische Form *wo'n* = *wos n*, über die noch zu sprechen sein wird, könnten allerdings einen oberflächlichen Beobachter irreführen, da auch im substant. Relativsatz öfters nur *wo* gehört wird, z. B. *Wo m mia theun, kàu[r] a n ànnara à thàu[r].* Allein die deutlich hörbare Verdopplung des m macht hier die eingetretene Assimilation des s unzweifelhaft. (*Wommia* oder *wo'n mia . .*)

(*dös gmàcht is*). Doch ist hier bei einfachem wos die Beziehung auf ein bestimmtes oder unbestimmtes Neutrum häufiger als auf Masc. oder Fem.[1]) — Ersetzt wird die Praepositionalverbindung zum großen Theile durch *wàu* (= nhd. wo), ohne oder mit *draf, dafüar, dabà*. Z. B. *Dös wàar a Haus, wàu* (bezüglich dessen) *ma denkt hàut, ·s is gout bauat. ·S san oft Leit, wàu ma denkt, si an irli* (= von denen).[2]) — *Da Stöll, wàu a dràf g·sessn is*. Wohin, woher, worüber, woraus, worauf, worin, worein u. s. w. sind als Relativpartikeln unbekannt. Die beiden ersten lauten als Fragewörter: *wàu-hi·, wàu-hea·*. Bei relativem und oft auch bei fragendem Gebrauche wird die Verbindung aufgehoben und es werden andere Wörter dazwischengeschoben, wobei dann der zweite Theil leicht zum Verbum geschlagen und mit diesem verbunden wird. *Da Wold, wàu a hi·-g·fàa·n is; s Dorf, wàu a hea· is*. Es ist nun offenbar weiter wirkende Analogie, wenn auch gesagt wird: *Da Gro·m, wàu a r ümmig·sprunga r is*, und so *wàu dràf, wàu dràs, wàu drinna* u. s. w.[3])

Bei der Correlation zwischen Relativ- und Demonstrativ-Pron. wird das letztere fast regelmäßig, jedenfalls weit häufiger als in der Schriftsprache, wirklich gesetzt: *wear—dea,*, oft zweimal: *dea· wos—dea·*. Demonstrative Praepos.-Verbindungen werden entweder wiederholt oder durch *dàu* aufgenommen: *Ba dàanau, döi ca r uns dàuhea· kumma sann, dàu hàut ·s scho glei an Liz g·hàlt*. Lorenz S. 14. Ebenso beliebt ist nach dem attrib. Relativsatz die Aufnahme des Beziehungswortes durch *dea·* u. s. w.: *S Stàáfeua, dös in feuaspeiadn Berghan brinnt, dös kenna si nàar z· gout*. Lorenz S. 13. In auffälliger Weise wird hingegen das zur genaueren Beziehung nöthige Demonstrativ unterdrückt in Wendungen wie: *Gröd s Gegentàl is wàua, wos a sàgt* (von dem, was . .) *Wenn i nàar d' Hälft' hàit, wos dea· hàut* (von dem, was.)

Was die Erscheinungen der Attraction betrifft, so habe ich kein Beispiel der Attr. des Relativ-Pron. an das Beziehungswort beobachtet; (Mhd.: *prises, des erwarp sin hant*,) wohl aber ist der umgekehrte Fall in der Dial.-Literatur wie in gewöhnlicher Rede ziemlich häufig: *Dean Bou·m, dean i niat mògh, dea· kinnt ma r àlla Tögh*. DM V. 127 (aus Schlaggenwald.)

Das Verhältnis des Relativsatzes zu anderen coordinierten Relativsätzen gestaltet sich in der Mundart ähnlich wie im Nhd. Die Zusammenziehung zweier Rel.-Sätze bei verschiedenem Casus des Relativs ist höchstens bei·formeller Gleichheit dieser Casus (Nom. Acc.) zu beobachten: *Stàa·kuln . . . ., döi d' Menschn àá·brinnad màchn künna r u à in da Ea'n g·funna wea'n*. Lorenz S. 13. Statt mehrerer (besonders substant.) Relativsätze geht die Periode bisweilen in eine andere Nebensatzart über, namentlich in wenn- und dass-Sätze: *Wea· dös G·schäft vastäiht u wenn* (da r) *a ·s àshàlt, dea· . . . .*

---

[1]) Im Mains. wird das Relativpron. überhaupt nicht mit Praep. verbunden. Dafür tritt immer *wo* mit oder ohne *hin, dabei, drin* u.:s. w. ein. Reis § 21, P. u. Br. Beitr. XVIII. S. 509 § 65.

[2]) Ein Beispiel der volksthümlichen Verbindung „Leute, wo . .“ bei Goethe bringt Andresen Sprachgebr. S. 219.

[3]) Binz macht a. a. O. auf ähnliche Erscheinungen im Neugriech, Pers., Franz. und Span. aufmerksam.

Die Verschlingung zwischen Relativ- und Conjunctionalsätzen ist wie in der Umgangsprache und in anderen Dialecten (Baselst. Binz S. 135, vgl. Paul, Mhd. Gr. S. 254) häufig. *Da* (= so dass) *davàa⁻ nàa⁻ nu dea' klàina Sàling üwriblî⁰m is, ... wos gàua niad, du Möih wea⁻t is, damma davàa⁻ redt.* Lorenz S. 15 (= wovon zu reden gar nicht der M. w. ist.) Über den Übergang von der Relativ- zur Hauptsatz-Construction (auch der Wortstellung nach) wurde schon oben S. 16 und 17 gesprochen.

Elliptischer Gebrauch und freiere Anknüpfung, — unter anderen Nebensätzen weit verbreitete Erscheinungen, — sind bei den Relativsätzen nicht eben häufig. Am ehesten erscheinen Sätze mit *wea⁻* mit Ellipse des Hauptsatzes. *Jà, wea⁻ 's sua gout hàut wöi du . .* (nicht als Wunsch betont, etwa = wer es doch auch so gut hätte!) Der steigende oder gleichschwebende Satzton lässt hier die Ellipse durchschimmern.

Freiere Anknüpfung liegt vielleicht in jenen Fällen vor, wo *wer* scheinbar beziehungslos gesetzt ist: *Wea⁻ an sechn Stàa⁻ daröian wüll, dàu ghäiat scho wos dazou.* Hier bietet die mhd. Bedeutung von *swer* = „wenn jemand" einen naheliegenden Erklärungsgrund.[1]) Als letzte Erklärung dürfte sich für diese Erscheinung ebenfalls anakoluthische Durchkreuzung und Ablenkung des geradlinigen Gedankenverlaufes ergeben.

Nebensätze, von Conjunctionen eingeleitet.

Temporalsätze.

Unter den einleitenden Conj. ist *wöi* die verbreitetste[2]), u. zw. im Sinne von als (so schon in Baiers Chronik z. B. 540) und nachdem; sobald als; (praegnant: in demselben Augenblicke, als;[3]) diese praegn. Bedeutung kennzeichnet der stärkere Ton —) sobald wieder einmal, so oft; indem, während (besonders häufig neben histor. Praesens.) Hingegen wird *wöi* nicht = *dass* gebraucht, wie vielfach im Nhd. und zum Theil schon im Mhd. (Paul, Mhd. Gr. § 341 *er seit uns danne, wie das riche stê verwarren.*[4]) Sobald heißt übrigens auch *suabàl*, minder häufig *bàl* allein; letzteres ist fast immer = sobald, nicht wie sonst im Oberdeutschen, ganz allgemein = wann, wenn; (*a Feuer bal d'magst* = wenn du F. willst. DM. III. 130, Schmeller, I. 170), namentlich nicht = rein

---

[1]) Paul, Mhd. Gr. § 846, 2 (*swer mir anders tuot, das ist mir leit*).

[2]) Ähnlich im Mainz. Reis, P. u. Br. Beitr. XVIII. S. 493. Im Baselstädt. ist *wie* nie temporal. Binz, S. 140.

[3]) Ebenso im N.-Öst. Nagl, Roanad z. V. 163 z. V. 322; *àls wöi* darf in diesem Sinne ebensowenig stehen, wie im N.-Öst., wohl aber *suswöi* (*suswöi ne*).

[4]) Die Vertauschung von *wie* und *dass* muss besonders in der Bücher- und Zeitungssprache der 50er Jahre um sich gegriffen haben, wie aus dem Tadel Schopenhauers (Handschriftl. Nachlass II. Roclams U. B. 2919/2920 S. 155) hervorgeht. Im Dialecte steht *wöi* durchwegs nur dort, wo es einen guten Sinn hat, die Seite der Vergleichung hervortreten zu lassen, also zur Bezeichnung der unmittelbaren sinnlichen Wahrnehmung: *J ho ghäiat (gseah) wöi a nieda gfalln is. . .*

condic. *wenn.* Andere temp. Conj. sind: *wenn,*[1]) *wâl, (dawâl* mhd. *die wile)* = während, solange,[2]) neben *sua làng àls.* Oft entspricht einem *wâl (dawâl)* im Vordersatze ein demonstr. *dawâl* im Nachsatze; *äik* (ehe) (*ehnda r àls,*)[3]) *dasîda* (seitdem) *bîs* (bis, vereinzelt auch = wenn (wann)[4]). *Äik* bezeichnet nicht nur die zeitliche Nachsetzung, sondern, besonders neben lieber (*löiwa*), auch sonstige Nachsetzung (= *als dass*): *Äiß dea' àrwat, löiwa vahungat a.* — Zu *dasîda* und *bîs,* hie und da auch zu *äik* tritt auch *dass* hinzu[5]), zu *dasîda* auch *wos,* seltener *àls: Dasîda wos gheia't is; dasîda das si gheia't ho'm.* E. J. XIV. 122; *dasîda r àls:* DV. S. 332, Nr. 561, aus Plan. — Nach bestimmten Zeitangaben steht nicht *dasîda* oder *dasîda da(s),* sondern einfach *da(s): Öitza wea'n 's fünf Gàua, da r i àf dean Huaf zuagn bin* (nhd. seit ich . . .) Auch nach *öitza* steht *dass: Öitza, da r i old bin . .* (vgl. mhd. *nu daz* = nachdem) Nicht gebräuchlich sind die Conjunctionen: als, nachdem[6]), wann[7]), da, (mhd. *dô* in Baiers Chronik *do* z. B. 416), indem, indessen, während[8]), seit dem, bevor; das Mainzische (Reis S. 22) und Baselstädt. (Binz, S. 140) *wo* = als, wie; das Schwäbische *vor* = bevor. (Binz a. a. O.)

C a u s a l s ä t z e werden eingeleitet durch *wâl, da(s), durch dös, da(s)* = dadurch, dass, *wegha dean, da(s)* = deswegen, weil. Ungebräuchlich ist nhd. *da*[9]), (nur in Baiers Chronik *da* neben *die weil* z. B. 533, wo es übrigens auch temp. Sinn haben kann.)

Nachdem, das nach Sanders, Hauptschwierigk. S. 213a in causaler Bedeutung der Curialsprache und besonders den österr. Mundarten angehört, ist unserem Dialecte überhaupt fremd. —

Mit *da(s)* wird nach Verbis wie freuen u. s. w. der sachliche Grund eingeführt; oft aber wird damit auch der Erkenntnisgrund an einen Hauptsatz angeschlossen. So namentlich nach Fragen: *Häut da eppa wea' wos thàù. dàst* (neben *walst) sua wài'st! 's a r eppa kràa'k, da r a sua asseachad is?* Aber auch sonst: *'h wiar no grod seah, wos heit nu wia'd g'scheah, das s' heit ba da Nàcht gàud r a Musi ho'm g'màcht.*

---

[1]) Ebenso Baselst. Binz. § 140. Im Mainz. (Reis § 22) sowie im N.-Öst. (Nagl, a. a. O. s. V. 378) fehlt es.

[2]) Auch Baselst. ist *wil* temp. und causal. Binz a. a. O.

[3]) Die n.-öst. Verbindung von *ehe* und *w:nn, iswain,* (Nagl, a. a. O. s. V. 279) kommt nicht vor.

[4]) Sanders, Hauptschwierigk. S. 83, 2b erklärt diese letztere Bedeutung für specifisch österreichisch: „Er hat geschworen, sein Vaterland erst dann zu betreten, bis (= wenn) er...“ Meißner, Sirene 154. So in unserem Dialecte: *Bis i mid meina Arwat dàu firti bin, kumm i nàuck (nàucki).*

[5]) *Bis dass* liebt unter den neueren Schriftstellern besonders Wildenbruch. Vgl. Sanders Z. f. d. Spr. 1894, S. 15 u. 454. Vgl. oben S. 20f.

[6]) Ebensowenig im N.-Öst. Nagl, a. a. O. s. V. 163.

[7]) Fehlt auch dem Baselstädt. Binz § 140, aber nicht dem Mainz. Reis § 22.

[8]) Dagegen ist während in der ursprünglichen participialen Bedeutung lebendig in attrib. Bestimmungen der Gleichzeitigkeit: *In wàhrendn Reng, Gäik* = während des R., G.; im O.-Öst. ist *ön wàhredn* adverb. gebraucht = unterdessen, vor unseren Augen. Aus da Hoamat, Linz 1885, S. 959. N.-Öst.: *In weardn, dàs,* Nagl, a. a. O. S. 954.

[9]) Ebenso Mainz. Reis § 23; in diesem Dial. wird auch *we doch* causal. verwendet, in unserem Dial. fast nur advers. = während.

DV. S. 27. Hier liegt freilich ein durch eine Ellipse gelockertes Satzgefüge vor. (Zwischengedanke: Das schließe ich daraus, denn so erkläre
ich mir).[1])
Dass die Begründung dem Begründeten nicht vorangehen hönnte,
wie Reis im Mainz. beobachtet, (§ 23) gilt für unseren Dialect nicht.
Absichtssätze. Der Dialect hat hier die seit dem Ahd. gebräuchliche Conjunction *dass* bewahrt, die im Nhd. im allgemeinen
durch das deutlichere „damit“ verdrängt worden ist und sich nur im
edleren Stile erhalten hat[2]). *Das (da r) i näa' wos z· thàu· ho', höit i
döia pàa' Schàufa dàu.* Lorenz S. 7. Die vieldeutige Verbindung ·*s is
no, da(s)* . . gehört mit einigen ihrer Bedeutungen hieher. ·*S is no, da
nan nemmats hülft* kann je nach dem Zusammenhang und dem Satztone
heißen: Es ist (geschieht) nur deshalb, damit ihm n. h.; es ist nur
darum zu thun, dass . . .; oder: es ist nur das Unangenehme, Bedenk-
liche dabei, dass . . .; selbst: es ist nur das eine nothwendig, dass . .
Die finalen Bedeutungen sind immerhin die herrschenden. *Damit* habe
ich nie gehört. Unser Dialect würde übrigens nach Analogie solcher
Zusammensetzungen (*durch dös* = dadurch u. s. w. Vgl. oben S. 22)
mit dean erwarten lassen. Nachdrücklich wird der Zweck nun wirklich
zwar nicht durch *mit dean*, wohl aber durch *za dean, das* = dazu, dass
eingeführt. *Damit* ist mir nur in der Literatur verwandter Dialecte
begegnet: *Damit ma doch kan Talk·n macht.* (Nürnberger Schnadahüpfel
DM. VI. 514.) *Schreib' s· ('s) über die Thür, damit die Leut· sègn, dass i
liderli wir'.* DM. VI. 417. Ebenso im Südböhm.: *Damit a nit vahung·n
hot därfn.* (Pangerl, DM. VI. 504, 5.)
Lockerer Anschluss des Absichtssatzes ist besonders nach dem
Verbum denken (durch den Ausfall eines Objectsatzes) häufig: *Ho'm
denkt, dass ·s àia brinnt* (Lorenz, S. 15.) = sie dachten, (erg.: wir thun
das,) damit es eher brenne. Zur Regel ist diese freiere Verbindung bei
formelhaften Einleitungssätzen geworden, wie: *Da r a da näa' sôgh
(da r i Ihnan sôgh)* = damit ich nicht versäume (vergesse), dir zu
sagen, (erg. so sage ich:) *i ho a schäi·s Stückl Göld vadei·t.* Ähnlich:
*Da r i niat vagiss, da r i reat dazüahl', dastas näa' wàißt, dass da ·s
mirkst.*
Die Umschreibung mit zu (um zu) und dem Infin. ist unbekannt.
Ersetzt kann der Finalsatz werden durch coordinierte (S. 15) und
subordinierte Sätze mit sollen oder wollen (auch mögen). Die letzteren
sind dann mit weil eingeleitet, indem die Absicht wirklich im Ge-
wande des subjectiven Grundes, der causa finalis, auftritt: *Ea' hàut ·s
thàu, wal a kàin Schö⁴n ho⁵m wüll (mächt')* bezw. *wàl i kàin Sch. ho⁵m
soll[3]).* Dass der NS nicht vor den HS treten könnte, wie Reis für das
Mainz. behauptet, gilt hier so wenig wie vom causalen NS. Auch die
Heischesätze haben neben bloßem Conjunctiv die Conj. dass. Nach
bitten steht daneben auch *wenn*: *J ho nan be⁴n, wenn a hàlt nu a pàa-
Togh zouwartat.* Vgl. Südböhm.: *Er tat ·n recht schöi¨ bittn, wenn a eam*

---

[1]) Vgl. Roseggers „Geschichtenbuch des Wanderers“, I. S. 94: *Hast denn selber
schon eine, dass dir das alles so einfällt?*
[2]) In nordd. Dialecten, z. B. im Magdeburg., fehlen die Finalsätze gänzlich.
Wegener in Pauls Grundriss, I, 044.
[3]) Ebenso im Mainz. Reis § 24.

˜*s ʐoign möcht.* Hier ist offenbar die Form des Wunschsatzes mit wenn an Stelle des Objectsatzes getreten.

Folgesätze werden durch dass oder so dass (*da[s]*, *sua da[s]*) eingeleitet. Einfaches dass steht in vielen Fällen, wo im Nhd. so dass vorgezogen würde, so namentlich in jenen Consec.-Sätzen, die zur drastischen Umschreibung einer einzelnen Bestimmung dienen. (Vgl. S. 16.) Auch in Baiers Chronik ist einfaches dass häufig. Steht *sua da(s)*, so wird fast ausnahmslos *sua* vor den hervorzuhebenden Begriff im Hauptsatze gestellt, nicht mit *da(s)* verbunden. Ohne dass (*àuna das*) kommt zwar vor, häufiger aber tritt dafür wie im N.-Öst. (Nagl, Roanad z. V. 209) *dass nicht* ein, am häufigsten jedoch die Kürzung mit dem Infinitiv, vielfach ohne *ʐu* (*àuna ɐ ümmschmeiʃʒn*) oder mit dem Part. Praet. (*àuna ɐ ümmgˉschmissn*).[1]) Über die Einleitungsformeln (*möuʃʒɩ sāˉ, da[s]* u. s. w.) in anderen Exceptivsätzen später.

Vergleichnngssätze. Einleitende Conjunctionen sind: *Asta — asta* = desto—desto[2]), ein interessantes Gegenstück zu je—je, das ebenso wenig gebräuchlich ist, wie je—desto; *wöi—ƕöi*, im Volksliede häufig mit eingefügtem *und*: (Vgl. S. 17) *Wöi häicha da Thurm u wöi schänna ɐ is s G·läuɩˉ.* (DV. S. 292. Nr. 180, aus Eger.) An *asta* und *wöi* schließt sich gerne *dass* an, oft sogar auch im Nachsatze. (*Asta ɐ öfta da ma ˜*s ümmwɷndɩ, asta schlechta das ·s is.* Vgl. S. 21.) *Sua—sua* (statt *wöi—wöi*) mit dem Positiv ist besonders bei concessivem Sinne des NS etwas häufiger: *Sua schäɩˉ (àls) deaɐ thàɵˉ hàuɩ, sua weng how i ·n glabbɩ. Als dass* nach Comparativen oder nach *ʐu* mit einem Positiv ist nicht bekannt; eher noch folgt bloßes *dass* nach *ʐu* mit dem Pos.: *Dös is ɀ· vül Hulʐ, damma ·s af àaˉmàl àʃôᵈn kannɩ.* Dafür auch zum mit dem substant. Inf.: *ɀ· vül ʐan àʃôᵈn.* Am häufigsten ist übrigens die Verbindung: so (mit Pos.), dass nicht (*sua . . „ da[s] niaɩ*).

Andere Conj. sind *àls wenn, àls wöi wenn,* verstärkt *niaɩ ànnaschɩ àls wöi wenn, grôd àls wöi wenn.* *Als ob* ist selten, *gleichsam als ob* gar nicht gebraucht. Die nhd. Attribut-Sätze mit als ob nach Annahme, Glaube, Meinung, Wahn sind ebensowenig bekannt als attrib. dass-Sätze nach diesen Substantiven. (Annahme, Wahn u. a. sind selbst ungebräuchlich.) Nach es scheint wird nicht als ob, sondern als wenn gesetzt; am häufigsten wird *mia scheinɩ (scheinɩ ma)* in den logisch abhängigen Satz eingeschoben, ohne die Construction zu beeinflussen. (Vgl. S. 15.)

Möglich ist auch die Fügung mit als und dem Conjunctiv, aber in der Stellung der unabhängigen Aussage, nicht, wie im Nhd., der Frage: *Mia ɐ is (sua), àls i häiɩ nan gˉscàh* = als hätte ich . . . (Vgl. S. 19.)

Die elliptische Verwendung dieser Sätze entspricht im ganzen dem nhd. Sprachgebrauch: *Als wenn da weaɐ wos thàɵˉ häiɩ!* (sc: so sprichst du, benimmst du dich.) Zu erwähnen ist nur die häufige Ellipse des Subjectes oder Objectes in Vergl.-Sätzen ohne eigenes Praedicat, wobei *àls wöi* geradezu „gar sehr, überaus stark" u. s. w. bedeutet; eine

---

[1]) Vgl. Unters. I. S. 31.
[2]) Ein vereinzeltes Beispiel dieser in Nhd. auffällig klingenden Verbindung führt Matthias, Sprachleben und Sprachsch. S. 297 an.

Ergänzung im Sinne der Ellipse findet hier durchaus nicht mehr statt. *Dea͏ͬ hàut si ôplàugt àls wöi!*[1])

Als dient übrigens nicht bloß zur Vergleichung, sondern auch zur Hervorhebung des indirecten Charakters der Rede.[2])

Nach Sätzen mit *wie* von der Form: *U wöi 's àffa scho sua gäiht,* (wie es schon so geht) folgt, und zwar seltener, ein Satz mit so: *sua r is 's à selmàl g·west*; („so gieng es auch damals" — mit nachfolgender Erklärung: „nämlich . . .") häufiger jedoch folgt unmittelbar die Aussage, deren Inhalt durch den Satz mit *wie* als mit dem gewöhnlichen Lauf der Dinge übereinstimmend dargestellt werden soll: *U wöi 's àffa scho sua gäiht — i ho wida dràf vagessn.* Die Ellipse des Zwischengedankens mit „so" begründet hier eine freiere Anknüpfung des NS, wenn man es nicht vorzieht, *wie* (ähnlich wie *was*) auf den ganzen Satz direct zu beziehen: Ich vergaß, — wie das schon so geht — u. s. w. Zu der letzteren Auffassung neigt das Sprachgefühl bei nachgesetztem, zu der ersteren bei vorangestelltem NS.

Verkürzte und unverkürzte Vergleichungssätze sind in unserem Dialecte ungemein beliebt, weil der Egerländer in ihnen (und in den Folgesätzen) seinem Hang zu drastischen Übertreibungen die Zügel schießen lässt und sie sich ihm daher vielfach an die Stelle einer einfachen adverbialen Bestimmung drängen. Viele dieser Umschreibungen stehen als sprichwörtliche Redensarten fest, z. B. „Er steht niedergeschlagen da": *Ea͏ͬ stàiht dàu, àls wenn an d Heàͤna s Bràut g·numma häͤͬt*[n] u. ä. Doch ist der Egerländer unerschöpflich in der Erfindung neuer Wendungen dieser Art (mit *wöi, àls wöi, àls wöi wenn.*)[3])

Eine eigenthümliche Zusammenziehung von HS und vergleichendem NS liegt vor in Fällen wie: *Ea͏ͬ hàut si wöi* (oder *àls wöi*) *g·schamt. Ea͏ͬ is wöi (sua wöi) va mia͏ͬ davà àg·loffm.* Das heißt: er betrug sich so, (es sah so aus,) als ob (wie wenn) er sich geschämt hätte, wie wenn er davon gelaufen wäre. Hier tritt *wöi* einfach vor das Verbum, wie es sonst vor das Nomen tritt. (Vgl. die Verbindungen: wie Scham, wie schamhaft, wie davonlaufend.) Die Fügung drängt sich vereinzelt auch in das Schriftdeutsch, so z. B. häufig bei Levin Schücking: „Gestalten, die sich wie vor ihm flüchteten." Vgl. H. Koppel in Sanders Z. f. d. Spr. 1893, S. 33 u. 34.

Bedingungssätze werden nur durch *wenn*, nicht durch *wann* eingeleitet.[4]) Der conjunctionslose NS in Wunsch- und Frageform kann nicht bloß im potent. und irrealen, sondern auch im realen Falle, wo z. B. im Mainz. die Conjunction unentbehrlich ist (Reis § 25), eintreten. *Bàl* ist nicht rein condicional, *wofern* unbekannt. *Fàls* wird weniger gehört als die Verbreiterung *in Fàl àls, i setz an Fàl.* (Vgl. S. 2.) Ohne ausgesprochenen regierenden Satz, der übrigens auch nicht in bestimmter Form vorzuschweben braucht, also elliptisch, treten ~~Beding.-wenn.~~- Sätze abgesehen von den auch im Nhd. geläufigen Formen („wenn er nur käme!" [Wunsch] „wenn er nur wirklich kommt" [Besorgnis] u. s. w.)

---

[1]) Ebenso O.-Öst. Vgl. Reischl, Da Ähnl S. 40 (In „Aus da Hoamat." 1893.)

[2]) Das Nähere hierüber bei der indir. Rede.

[3]) Vgl. S. 16.

[4]) *Wann* herrscht im N.-Öst. Nagl. a. a. O. z. V. 379, im Mainz. Reis § 25. Im Baselst. ebenfalls nur *wenn.* Binz § 140.

vielfach auf: *Nu, nu, wenn da Schousta-Andres sua lät is.* (Vgl. Unters.
I. S. 15.) Eine bestimmte Ergänzung schwebt hier so wenig vor, dass
es sogar schwer ist, eine solche zu diesem Ausdrucke der Verwunderung zu
construieren. Eher gelingt dies in folgendem Beispiele: *Du sagst mer
schon von nemmen - ei, wenn i di nit mag!* (was willst du dann thun?)
DV. S. 192. Nr. 163, aus Eger. Unwille und störrige Abweisung
klingt aus solchen ellipt. Sätzen bei starker Betonung des wenn: *Sa
wenn i owa niat mogh!* (Mit fallender Satzmelodie gesprochen, die sonst
auch concessiven Sinn erzeugen kann.) Ein verwunderter Ausruf ist
der häufig gehörte Satz: *No wenn dös neks is!* sc. dann wüsste ich nicht,
was etwas wäre. Hier ist nicht *wenn,* sondern *dös* betont und der Satz
hat die dem NS eigenthümliche, stark steigende Melodie.

Lockere Anknüpfung auf Grund unterdrückter Zwischengedanken
liegt vor in den formelhaften Wendungen: *Wemma fräign dea'f* — (erg.:
so frage ich: z. B. *wáu sads enn hea'?* Auch nachgesetzt.) Drängende
Neugier eines anderen wird mit der Phrase *wennst scho àlls wissn
mou/jt* — befriedigt. (Erg.: so wisse, höre denn.) Ein Rath wird eingeleitet durch: *Wenn a da ráu^dn soll* — z. B. *kaff 's niat!* Erg.: so
rathe ich dir. Ebenso: *Wemma 's nimmt* = wenn man es recht bedenkt,
überlegt; erg.: so findet man ... *Wennst mid fáa'n wüllst* (erg.: so
hast du Gelegenheit) — *i fáa' in d' Stôd.* — *Unna Mülla r is g'stoa'^bm,
da X., wennst nau kennst (kennt häust).*[1]) Eine Gedankenverschiebung
endlich, wie sie in dem Satze zutage tritt: *Wenn a niat künnt, áffa
wäi/z i, da r a kráa'k is* = dann ist er, wie ich weiß (das weiß ich,)
krank, schleicht sich gelegentlich auch in die Schriftsprache ein, wie
der Beleg aus der Nationalzeitung bei Sanders, Z. f. d. Spr. 1894,
S. 151, zeigt.

Einräumungssätze werden nicht durch die nhd. verallgemeinernden Pronomina, sondern (abgesehen von den Formeln *is 's wea'
's wüll, wos 's wüll* u. s. w.) nur durch die Conjunction *wenn,* (*u wenn,
wenn à, w. scho, w. glei, w. keck*)[2]) und nur hie und da auch durch
das hauptsächlich adversativ gebrauchte *wàu du* = wo doch eingeleitet.

Und wird allen diesen Conj. gerne vorgesetzt. Bei *wenn* (ohne
à u. s. w.) bringt stärkere Betonung und fallende Satzmelodie den
concessiven Sinn hervor, schwache Betonung und steigende Satzmelodie
mehr den rein condicionalen. Die starke Betonung der Bedingung kann
nämlich ebensowohl die Wichtigkeit als die Unwichtigkeit ihres Eintretens
kennzeichnen. Im ersteren Falle besagt die Betonung, dass man auf
der Setzung dieser Bedingung bestehe, im zweiten, dass man sie frei-
stelle, da von ihr nichts weiter abhängt.

Dem conjunctionalen Gebrauche von *keck* kann ebensowohl die
alte als die neuere Bedeutung des Wortes zugrunde gelegt werden. Im
ersten Falle wäre es ungefähr soviel wie „hurtig", „geschwind". In
dieser Bedeutung soll *keck* nach Adelung thatsächlich besonders in
Schlesien gebraucht worden sein (Grimm WB 5, 378). Es könnte dann
unmittelbar neben *glei* (in *wennglei*) gestellt werden, das in unserem

---

[1]) Ähnliche Beispiele bei Rosegger „Das Geschichtenbuch des Wanderers", I.
S. 93: „Ich wollt' dem alten Fischbacher Lehrer, — dem dicken Zikal, wenn du ihn
gekannt hast — nicht aus der Schule gelaufen sein."

[2]) Mainz, bloß *wenn àch.* Rois § 18 u. 26.

Dialecte in ähnlich verstärkter Bedeutung (= sogleich, auf der Stelle) gefühlt, als selbständiges Adverb betont und demgemäß auch von der Conjunction getrennt werden kann (*u wenn i glei* . .). Im zweiten Falle wäre *keck* = zuversichtlich, getrost. In dem einen wie in dem anderen Falle müsste *keck* (und wohl auch *glei*) ein ursprünglich dem Hauptsatze angehöriger Bestandtheil gewesen sein, der (gleich *daz, sit, die wile*) in den Nebensatz hinübergezogen worden ist: *I vakaff mā' Haus, u wenn i keck wos ā böifȝn mou'* = ich verkaufe keck (wohlgemuth, getrost, mit Wagemuth) das Haus, wenn . . . . Diese Annahme liegt um so näher, als *keck* in einigen Dialecten (im bayerischen, tirol., kärnt. Grimm WB 5, 377f) infolge elliptischer Verwendung zu einer Art von Bekräftigungspartikel geworden ist: Da brauche ich keck 3 Stunden = ich darf keck behaupten, dass ich 3 St. br. Diese abgeschwächte Bedeutung von *keck* = sicherlich, gewiss vermittelt ungezwungen den Sinn auch in solchen Fällen, wo etwa „wohlgemuth, getrost" minder passend sein sollte.

Ungebräuchlich sind in unserer Gegend: die verallgemeinernden Pronomina (wer und seine Ableitungen) mit hinzugefügtem auch, auch immer, nur immer. Nhd.: Wer er auch sei. Dial.: *Js a wea' a wüll*; ferner ob [1]), ob auch, obgleich, obschon, obzwar, wiewohl [2]); hingegen steht im doppelgliedrigen Satze *ob—oda*. Die mit *so* (statt mit *wie*) gebildeten Verbindungen sind, namentlich mit folgendem *als*, häufig: So alt ich auch bin = *sua r old als i bin.*[3]) Elliptisch stehen Concessivsätze namentlich bei starker Betonung des *wenn* und fallender Satzmelodie: *U wenn a 's niat thau' hàut!* (sc. so ändert das nichts an der Sache.)

Durch Ellipse gelockerte Anknüpfung begegnet namentlich bei der auch im Oesterreichischen allgemein verbreiteten Phrase: *obst 's glabbst* (*ob Sie 's glä'm*) *owa niat.* Der Zwischengedanke ist etwa: so bleibt es gleichwohl wahr. *Obst gl. o. n., i wàa' nu näi kràa'k.*

Adversativsätze werden nicht durch während, sondern nur durch *wàu*, meist durch *du* verstärkt: *wàu du* = wo doch, eingeleitet.[4]) *Dann (dassn) d' Stödara àffa drüwa làchn, wàu si 's du akkrat asua . . màchn.* Lorenz S. 34 (während, obwohl sie . . .)

Subject-, Object- und Attribut-Sätze mit dass. Bemerkenswert ist der Subjectsatz mit dass nach *es ist* (vgl. lat. est, ut), der allerdings nicht im Hauptsatz, sondern in der breiteren Umschreibung des Bedingungssatzes eintritt: *Wenn 's is* (neben *wenn 's da Fäl is*) *das* . . Der Sinn ist: wenn es der Fall ist, wenn die Verhältnisse darnach sind, wenn es so weit gekommen ist, dass . . . Auch in der Fragesatz-Stellung: *Js 's àffa, das* . . Z. B. *Js 's àffa scho nimma, damma* (dass man) *dàu bleibt.* Lorenz, S. 40.[5]) — Zahlreich sind die Subj.-Sätze mit dass nach

---

[1]) Hingegen bezeugt bei Nürnberg. Dichtern, so bei C. Weiss: *Ob 's dauert no su lang.* Bei uns nur: (*u*) *wenn 's nu sua làng d.*

[2]) Auch das n.-öst. *sou wull das*, Nagl Roanad, S. 491, § 225.

[3]) Baselst. nur *wie—euch.* Binz, § 140.

[4]) Ebenso im Baselst. Binz, § 140. Im Mainz. hat *we doch* causalen Sinn, Reis § 23.

[5]) Im Steir. tritt der untergeordnete Gedanke nach *es ist* in die Hauptsatzform: *Und is 's, du sollst ins Wosser.* Bei Rosegger, Der Baumnarr, (Neue Waldgeschichten 1886) S. 100.

den ellipt. Ausdrücken: *schôd, mügli, schäi·*. (Vgl. Unters. I S. 21), Analoge
Bildungen sind die dass-Sätze nach *kamm* (kaum) (*kamm da r̄doag·schaut*
häut = er hat kaum hingesehen), *gröd (gröd, da r a niatȇrgfàlln is* =er konnte
gerade nur noch verhüten, dass . . .); verstärkt: *gröd ba r an Hàua, da*
r a u. s. w. = bei einem Haare wäre er . . .; *vülleicht da(s); niat,*
da(s) (niat eppa, da r a vül ümag·olwat . . . *häit.* B. d. P. u. K. I.
S. 127. = er sprang nicht etwa in tollem Übermuthe herum.) „Nicht
als ob" ist unbekannt. Diese Verbindungen lehnen sich formell an jene
elliptischen, wie *mügli, da(s)*, an, wenn auch weder hier noch dort von
einer bestimmt vorschwebenden Ergänzung die Rede sein kann. Doch ist nicht
zu übersehen, dass hier der hervorzuhebende Begriff, d. i. das Subject, zu
einem ganzen Satze verbreitert und dem übrigen Theil des Satzes
durch *dass* untergeordnet ist, während dort der hervorzuhebende Begriff — es ist nicht das Subject, sondern meist eine adverbiale Bestimmung, ja sogar die bloße Negation *nicht*, — unverbreitert aus dem
Satzganzen herausgesetzt und dem übrigen Theile dieses Ganzen über-
geordnet ist. Also statt: er kommt vielleicht — *vülleicht, da r a künnt;*
statt: er kann kaum gehen — *kamm, da r a gäiȟ kàä·*; statt: er hat
nicht gesagt — *niat, da r a g·sàgt häit* . . . u. s. w.[1])
 Dass das so herausgehobene und übergeordnete Wort wirklich als
Satzwort den Hauptsatz darstellt, sieht man aus Satzgefügen, in denen
außer solchen Wörtern überhaupt ein unabhängiger Satz nicht vorkommt:
Wemma nu a wengl wartatan, vülleicht, da r a eppa denna kamm.[2])
 Beide Formen: *ea· kàä· kamm gäiȟ* und *kamm, da r a gäiȟ kàä·*
u. ä. finden sich übrigens wie im Steir. (Vgl. die Anm.) zur Bekräftigung
der Aussage auch neben einander: *Ea· kàä· kamm gäiȟ, jà, jà,* — *kamm*
da r a gaiȟ· kàä·. Hier ist eigentlich derselbe Gedanke zweimal, in
abhängiger und in unabhängiger Form, ausgedrückt. Diese Erscheinung
tritt nun auch sonst, ohne eine solche Heraussetzung eines Wortes,
vielfach auf: *Dös is scho niat wàua* — *da dös niat wàua is!* Hier ist
natürlich von einer Abhängigkeit des zweiten Satzes vom ersten keine
Rede; jener ist selbständig elliptisch zu deuten. — Die Wiederholung
eines Satzinhaltes in Form eines dass-Satzes findet sich übrigens auch bei
Nebensätzen: *Öitza wàiß i niat, how i mi eppa vaschaut,* — *da r i mi*
eppa denna vaschaut hö — *oda* u. s. w.
 Was die Objectsätze betrifft, so liebt der Dialect eigenthümliche
exegetische Objectsätze nach dem Verbum thun, exegetisch nämlich,

---

[1]) Im Steir. ebenso; auch beide Formen häufig nebeneinander: „Er ist nicht groß'
gar nicht, dass er groß ist." Rosegger, Dorfsünden, 1890, S. 52. Auch die Bejahung
wird hier, abweichend vom Egerl. in dieser Weise herausgehoben: „Wir wollten ihn
schon brauchen — halt ja, dass wir ihn brauchen wollten." Auch „gern" findet sich
im Egerl. nicht so herausgehoben wie bei Rosegger, „Der Geldfeind" (Das Buch der
Novellen, I. Bd. 7. Aufl. S. 180): „Gern, dass ich dir auch einmal einen Gefallen thun
möcht'." Ebensowenig das bloße Personalpronomen als Subject mit der Bejahung oder
der Verneinung, wie bei Rosegger: (Neue· Waldgeschichten, 1886, S. 302 f.) „Das
wollte ich nicht hergeben um den ganzen Jahrlohn vom stärksten Bauernknecht. Ich
nicht, ich, dass ich's hergeben wollt'. Ich schon, ich, dass ich Musik lernen thät"...

[2]) Bei Rosegger fällt bisweilen dies eine Wort aus: „Wenn ich mich schön
warm anleg' morgen, dass (= möglich, vielleicht dass) ich's doch möcht probieren".
Dorfsünden 1890. S. 281. — Vielleicht ist indes hier „morgen" als Satzwort zu fassen.

insofern sie als Erläuterung eines vorausgeschickten oder nachfolgenden
das erscheinen: *Dös thât i owa denna niat, da r i doa gang u bedat üm
sua wos;*[1] oder umgekehrt: *da r i doagâng, . . . dös thât i niat.*

Attributsätze mit *dass* sind schon deshalb selten, weil die
zumeist durch solche Sätze erläuterten abstracten Substantiva wie:
Ansicht, Glaube, Zweifel, Versicherung, Bedenken, Erinnerung u. ä.
dem Volke überhaupt nicht geläufig sind. Doch fehlen sie nicht ganz,
wie dies im Mainz. der Fall ist. (Reis § 27): *Dös G'riad und dös
G'wcama* (Gerede und Gewimmer), *da r a 's niat ashält, is latta lâ's Zeugh.*

Die ausgebreitete Verwendung des *dass* in den vorher genannten
(sowie in den Absichts- und Folge-) Sätzen hat diese Conjunction
schließlich tauglich gemacht, zur Kennzeichnung der Unterordnung
schlechthin zu dienen — wenn auch nur in bestimmten Fällen. Es ist
hier wohl auch daran noch einmal zu erinnern, dass die subordinierende
Kraft anderer Einleitungswörter durch *dass* verstärkt und gestützt werden
kann (S. 20 f.), dass es in der Fortsetzung eines Nebensatzes an die Stelle
anderer, bestimmterer Conjunctionen (oder des Relativs) tritt. (S. 27.)
Es bietet sich jedoch auch dort zur bequemen Einleitung des Nebensatzes, wo es gilt, diesen zunächst nur als einen von dem nachfolgenden
Gedanken abhängigen zu bezeichnen, ohne dass der Redende im Drange
der Rede vorläufig mit sich im Reinen ist, welcher Art diese Abhängigkeit sein wird:[2] *Dâ r a hàlt eiramàl a wengl gâch is — deratwegn
is a denna a rechtschàffna Màa* (= wenn er auch . . . ist, so . . .
oder deswegen, weil . . .) In anderen Fällen entspringt der Schein
verschiedenartiger Bedeutungen des *dass* aus der Ellipse des eigentlichen Beziehungssatzes; so wenn dem eben angeführten dass-Satze
der Nachsatz: — *i wàa' grôd asua* nachgeschickt würde. (Ell.: Das
nehme ich ihm nicht so übel, denn . .)[3]

Endlich kann der dass-Satz wie andere Nebensätze auch allein
stehen, d. h ein näher mit ihm zu verbindender Nachsatz bleibt überhaupt aus. Unwille, Bedauern, strenger Befehl, Drohung, weniger der
einfache Wunsch und die Verwünschung, die diese Form seit alter
Zeit lieben[4], kleiden sich gerne in einen dass-Satz: *Dast di niat muckst!*
— Es ist indes nicht unmöglich, dass „dass" hier aus dem lat. utinam
stammt (Wunderlich, Satzbau, S. 65, vgl. 74) und dass somit beim Be-
fehle wenigstens von einer ursprünglichen Ellipse nicht die Rede ist.
Eine ironische Drohung, auch in anderen Mundarten beliebt, (so z. B. im
Wiener D., Schlögl, Wiener Luft, S. 87 u. ö.) ist: *Da r i niat làch!*
Object- und Subjectsätze lassen die Ellipse unzweideutiger hervortreten:
No da dös niat wàua r is! (Das wollte beschwören, beweisen.) *Da r a*

---

[1] Vgl. bei Rosegger, Neue Waldgeschichten 1886, S. 302: „Das thät ich schon,
dass ich das Geigen und das Blasen lernen thät."

[2] Ähnlich im N.-Öst. Nagl, Roanad S. 354, 7.

[3] Unter den von Nagl, Roanad, S. 354 f. 8) angeführten Fällen der Ellipse des
Zwischengedankens sind einige, die unsere Mundart nicht nachahmen könnte; so:
Wos (doch die befremdende Erscheinung verursachen mag), *dâs-a nid is!? (Wos dâs =
warum doch.) Dâis is* (die Folge von dem Umstande,) *dâs-i nid mô (dâs =* weil). *Nagl⁵*
(ausgenommen) *dâ-a-mi nit trùidn hônd.*

[4] Vgl. Paul, Mhd. Gr. § 375, Binz, (Baselst.) § 140. In unserem Dialecte ziehen
Wunsch und Verwünschung die Form mit *wenn* vor: *I wenn a nàa' s Gnick brechat!*

si no niat schamt! (wundert mich.) *Da näa͂ʳ dea͂ʳ üwaràl dabâ sã͂ mou!* (ist doch ärgerlich.)

Betouung des dass bei den ellipt. Subject- und Objectsätzen (übrigens auch in vollständigen Satzgefügen) kann die Behauptung entschiedener färben: *Da dea͂ʳ dös thàu hàu!* (darauf wollte ich wetten, schwören.) Zur Verschärfung von Befehlen und Ermahnungen hingegen wird diese Betonung der Conj. nicht angewendet, weder in der Ellipse noch im vollständigen Satzgefüge.[1])

Der Unterschied zwischen unbedingter und bedingter Setzung des NS-Inhaltes spiegelt sich in den Conjunctionen dass und wenn und zugleich gewöhulich in der Verschiedenheit des Modus, (dort Indic. hier Conj) namentlich nach ·s *is Zeit*, ·s *is schôd*, ·s *is sch#͂̄* u. s. w.: *Das ·s Zeit wâ, wenn du di üm ra Wei ümschaua thàtst.* (Urban in d. Erzgeb.-Ztg. 1895, Nr. 3, S. 68.)[2]) In den conjunctivischen wenn-Sätzen klingt für das mundartliche Sprachgefühl ganz deutlich der Wunsch durch: *Wenn du di . . ümschaua thàtst!* — *Zeit wâ.* Daher findet sich auch nicht wenn mit dem Indic., etwa: ·S *is Zeit, wennst* (sondern nur: *dàst*) *künnst* (kommst).

In Sätzen mit sagen und denken, aber nicht mit meinen, wird der abhängige dass-Satz, bezw. das zur Conjunction gewordene Pronomen dass viel regelmäßiger durch demonstratives das (es) angekündigt oder wieder aufgenommen, als im Nhd. „Ich habe immer gesagt, gedacht, gemeint, dass . . . heißt: *J ho ·s (döshôw i) umma g·sagt, da(s); i hô ma ·s (dös how a ma) denkt, das;* aber nicht: *J hô ·s g·màint, das . .*

Schlussbemerkungen. HS und NS schließen sich im Dialect nicht in demselben Maße zu einer höheren Einheit zusammen wie in der Schriftsprache[3]). Die lockere Stellung des NS kennzeichnet z. B. auch der Umstand, dass die Beziehung des NS auf einen im HS enthaltenen Begriff (oder umgekehrt) oft vernachlässigt wird, während die Schriftsprache diese Beziehung, wo sie sich darbietet, regelmäßig dazu benützt, um die Verbindung zwischen HS und NS noch inniger zu gestalten: *Jn Bua͂n dra/z liegn döia Dinga z· tausend- u tausendweis in da Ea͂n, wemma näa r a weng einigrabbt.* Lorenz, S. 16 (statt wenn ma n . ·. hineingräbt, findet m a n ...) — *Folgst niat, sa hängt da Oksenzämsl nu àllawàl durt àan Thüa͂ʳstuak* (statt: so bekommst du Schläge mit dem O.). Urban in d. Erzgeb.-Ztg., 1895, Nr. 3, S. 69.

Sowohl die Umgangssprache[4]) als der Dialect drängen den Gedankengehalt ganzer Nebensätze oft in eine einzige Partikel: *da,* (egerl. *dàu, sa,* auch *àffa*) zusammen. Der Bedeutungsgehalt dieser Partikel kann je nach der vorausgehenden Rede oder nach der augenblicklichen Situation des Sprechenden in einen Bedingungs-, Absichts-, Causal-, Temporalsatz auseinandergelegt werden. Jemand hört z. B. dass einer seiner Schuldner in ungünstige Vermögensumstände gerathen sei. Er mengt sich mit den Worten ins Gespräch: *Affa (dàu) wia r i möi'n schaua, da r i sa mein Göld kumm.*[5])

---

[1]) Wohl aber im N.-Öst. Nagl, Roanad, S. 355, III.

[2]) Vgl. auch Nagl, Roanad, z. V. 372; Matthias, Sprachleben und Sprachsch. S. 302.

[3]) Ebensowenig in anderen Dial. Mainz: Reis, § 20, P. u. Br. Beitr. XVIII. S. 482.

[4]) Wunderlich, Umgangspr. S. 108.

[5]) Über diese „überordn onden" Conjunctionen *da* und *so* vgl. auch Nagl, Roanad S. 491, § 227.

Was die Stellung des NS anlangt, so ist nur zu bemerken, dass es außer Vor- und Nachsätzen wohl auch Zwischensätze gibt, dass diese letzteren jedoch nie so gestellt sind, dass vereinzelte Wörter des HS, sogenannte „nachklappende Satztheile", die Periode beschließen. Zum Schlusse ist noch eine Erscheinung zu betrachten, welche sich als eine Art von Conjugation des Bindewortes darstellt und sich auf das Rel. pr. *der*, auf *wer, was, wie, wo*, auf *dass, weil, ob, bis, ehe, sobald, solange, wenn* erstreckt. Zwar kennen auch andere Dialecte diese Suffigierung der verbalen Flexionsendung. (so der bayr., fränk., obersächs., schles., iglau., niederöst. D.) doch ist sie wohl nicht leicht irgendwo in solchem Umfange durchgeführt wie im Egerl. Das Personalpron. tritt, falls kein besonderer Nachdruck darauf liegt, stets in enclit. Form an die einleitenden Bindewörter. Dies gilt allgemein. Bei den oben angegebenen Bindewörtern jedoch wird vor das enclit. Pronomen noch die Flexionsendung des Verbums eingeschoben. Also Sing. 1. P: *da-r-i* (euphon. r) *häia* = dass ich höre; 2. P.: *dast* = *da-st* *'häiast*; 3. Pers. *da·r-a häiat*; Pl. 1. Pers. *damma* = *dasn-ma häian*; 2. Pers.: *da-ts häiats*; 3. Pers.: *däns* = *dasn-s häian*. — Charakteristisch für unseren Dialect ist hiebei Folgendes:

1. Die Flexionsendung tritt nicht nur in der 2. Pers. Sing. und Plur. ein, (wie im N.-Öst. Nagl, Roanad S. 59, z. V. 48) sondern in allen Personen mit Ausnahme der 1. und 3. P. Sing.

2. In der 3. Pers. Plur. findet sich dieselbe Erscheinung auch neben anderen als pron. Subjecten: *Dän (dasn) d' Leut' häian.*

3. Die suffigierte Form des Bindewortes steht nicht nur neben der enclit., sondern auch neben der vollen Form des Pronomens u. zw. in allen Personen[1]): *Dast du, dän (dasn) mia", dats diats, dän (dasn) si.*

Gradl[2]) scheint geneigt, aus dem Umstande, dass diese Suffigierung in den der slavischen Sprachgrenze nahe gelegenen Gebieten am weitesten vorgeschritten ist, auf einen Zusammenhang mit analogen slavischen Bildungen zu schließen. (Vgl. kdybys, žebychom, jakoby.) Zur Klärung dieser Frage bedarf es wohl indessen noch genauerer Ermittelungen in Bezug auf alle diese Dialecte.

Modi in Nebensätzen.

Sieht man von den Bedingungs- und Einräumungssätzen, sowie von den hypothetisch gefärbten Relativ- und Temporalsätzen ab, so kann man den Indicativ in allen Arten von NS als den herrschenden Modus bezeichnen. Der Conjunctiv, der schon im Mhd. gegenüber der älteren Sprache mehr und mehr durch den Indicativ verdrängt wird, hat in der Mundart noch manches andere Gebiet eingebüßt, so namentlich das der Absichtssätze und der indirecten Rede. Der Geltungsbereich des Indicativs lässt sich nach seinen Grenzen im einzelnen am besten durch einen Überblick über das Verbreitungsgebiet des Conjunctivs abstecken. — Der Imperativ steht nur im HS.

---

[1]) Im N.-Öst. nur neben der 2. Pers. (*waun-st — du.*)
[2]) In Kuhns Zeitschr. 20. S. 201.

Conjunctiv in Nebensätzen[1]).

Allgemeines.

Der Conj. des Wunsches und der Möglichkeit sowie die Umschreibungen durch die Hilfszeitwörter *kann*, *wollt* u. s. w. stehen zunächst in gleicher Weise wie in HS ohne Rücksicht auf die Abhängigkeit
des Satzes, wenn sein Inhalt als bloß angenommen, möglich oder er-
wünscht dargestellt werden soll. So tritt auch der Conjunctiv der bescheidenen Behauptung unverändert in den NS: *Ea r is àin a oft schöia
gànz nàucht* (nahe) *zouakumma, damma g·màint häit,* (unabhängig: *ma
häit g·màint) ma möu/3t ·n daseah.*
Die spärlich erhaltenen Conj.-Praes., (in Wunschformeln, S. 6 f.)
kommen im NS überhaupt nicht vor. Bei „*dass Gott dabarm*'" kann
der ursprüngliche NS-Charakter im Hinblick auf die verwandte lat.
Fügung mit utinam in Zweifel gezogen werden.
Der Conj. Praet. hat, wie schon frühzeitig in der alten Sprache,
auch in NS die Beziehung auf die Vergangenheit verloren und sie an
das Plusq. abgetreten. Doch haben beide, der Conj. Praet. und Plusq.,
in erster Linie potentialen, speciell hypothetischen, dann auch optat.
Sinn; außerhalb dieses Sinnes sind wenige Fälle zu verzeichnen, in
denen älterer Conj. sich gegen den vordringenden Indic. behauptet hat.
So hat der Indic. Praes. die Stelle jenes Conj. Praet. eingenommen,
der im Ahd. und besonders regelmäßig im Mhd. nach einem Praet.
des HS zur Bezeichnung der gleichzeitigen Nebenhandlung
diente. *Si vrägte in, wie er hieze.* Parc. 140, 4.[2]) Auch im Nhd. ist
der Conj. Praet. zulässig und bevorzugt, wenn der daneben gebräuchliche
Conj. Praes. formell mit dem Indic. zusammenfällt. Mundartlich hingegen: *Si hàut nan g·fràugt* (*g·fräigt*), *wöi a hàif3t* (höchstens noch —
mit Assimilation des Tempus, vgl. Unters. I. S. 34 — *wöi a g·hàif3n hàut.*
Ferner tritt der Indic. Praes. für jenen Conj. Praet. ein, der nach
einem Praet. des HS zur Bezeichnung der bevorstehenden Nebenhandlung (als einer nicht wirklichen) dient. Er reicht, besonders in
Absichtssätzen und in der indirecten Rede, vom Nhd. bis ins Ahd. zurück.
„Ich ließ ihn den Brief lesen, damit er wüsste . . .: *J hò nan an Bröif
lesn làua, da r a wài/3 . . .* (praegnant: *da r a hàut wissn solln.)*
Endlich vertritt der Indic. des Perf. den alten Conj. Praet., neueren
Conj. Plusq. zur Bezeichnung der vorzeitigen Handlung. (Nach
regierendem Praet.) *A jeds hàut g·sàgt, ea' hàut nu neks schänna's g·seah*
(er habe, hätte . . .). Doch findet sich hier, namentlich in der Dialect-
Literatur auch Conj. Plusq.[3]) Festzuhalten ist jedoch, dass mit Ausnahme des letzten Falles nur selbständiger (namentlich hypoth.) Sinn
den Conj. Praet. befähigt, an die bezeichneten Stellen zu treten.
Allerdings werden die hier gezogenen Linien durch weitgehende
Assimilation des Modus etwas verwischt: *Wenn i nàa' wesst, wea'
dea' wà* (ist); — *i wollt', si bleiwatn, wàn s· wà'n* (sind).[4])

---

[1]) So weit es möglich war, wurde im Folgenden die Ordnung eingehalten, die
Erdmann in den „Grundz." durchgeführt hat.

[2]) Erdmann, Grundzüge, § 172, B 2 a.

[3]) Näheres bei den Absichtssätzen, sowie bei der indir. Rede.

[4]) Näheres darüber beim Einfluss des conjunctivischen HS auf den NS.

Was die Umschreibung des Conj. durch modale Hilfsverba. (*kannt'*, *mächt'*, *sollt'*, *wollt'*, *werat*) betrifft, so ist zu beobachten, dass *werat* (= würde) überall condicionalen Sinn vermittelt: *Wenn a wirkli amàl wos valànga werat, àffa werat 's glei hàifʒn*: u. s. w. Vorder- und Nachsatz der hypoth. Periode sind zu dieser Umschreibung gleich geeignet. In anderen als condic. NS steht diese Umschreibung daher nur dann, wenn sie selbst als Nachsätze vorschwebender Bedingungen, also wiederum condicional gefasst werden: Indirecte Frage: *Àffa fràigh i, ob (wos) a 's eppa durtn bessa ho⁴m werat* (sc. falls er hinkäme) — Folge-satz: *Dea' hàit 's àffa sua gout, da r a si neks bessas wünschn werat*, (sc. wenn er diese Stellung bekäme.) — Relativs.: *Dean mächt i kenna, dea' wos dean Flànkn wos borgn werat.* — Am ehesten sträubt sich der Absichtssatz seiner Natur nach gegen die Beimischung eines condicionalen Sinnes und daher gegen die Umschreibung mit würde; wo diese vereinzelt vorkommt, hat man es wohl nur mit einer Vermengung mehrerer Con-structionen zu thun: *Wöi dann, wenn i 'n dean Bröif lesn làiſʒ (làiſʒat), da r a si üwaʒeign werat* (aus: damit er sich überzeugte, und: er würde sich dann überz.)

Lediglich zur Umschreibung des Conj. Futur. (neben werde: „Er sagte, er würde (= werde) kommen") dient *werat* im Dialecte nie.

Absichtssätze und Heischesätze.

a) Ohne Conjunction: Die conjunctionslosen Absichtssätze sind wie im Mhd. und Nhd. so auch in unserem Dialecte nicht mehr gebräuchlich.

In conjunctionslosen Heischesätzen steht nur bei der Um-schreibung mit *mächt'* der Conjunctiv (aber nicht mit sollen). *I ho nan himmelhàugh be⁴n, ea' mächt' ma denna helfm.* Ohne diese Umschreibung begegnet der Conj. wohl nur noch in der Wendung: *I wollt, i wà (du wàst* u. s. w.) *g'sund.* Der nhd. unumschriebene Conj. nach wünschen (ich wünschte, er wäre . . .) wird lieber mit der Conjunction dass eingeleitet.

b) Mit dass eingeleitete Absichts- und Heischesätze verlangen den Conjunctiv nur noch nach conjunctivischem Hauptsatze: *I thàt 's gea'n, da r a seachat.* (Hingegen: *i thou 's gea'n, da r a siaht.* (Indic.) *Dàu valàngat i hàlt, da r as Göld in voras zohlat.* (Hing.: *I valàng, da r a . . . zohlt.*)

Die Umschreibung durch sollen und mögen ist im Dialect wie in der älteren Sprache ausgebreiteter als im Nhd. Ihr Gebrauch ist der-selbe wie in den conjunctionslosen Sätzen[1]). Dieser ausgebreitete Ge-brauch ist zum Theil eine Folge der dialectischen Gewohnheit, statt bestimmter Verba wie bitten, ermahnen, rathen, abrathen, warnen, be-fehlen u. s. w. überall das inhaltlich farblose „sagen" anzuwenden. Da einerseits der unumschriebene Conjunctiv so spärlich, anderseits das regierende Verbum sagen so farblos und jedes finalen Inhaltes so baar ist, dass die Natur des Nebensatzes unklar werden müsste, so muss eben zu dieser unzweideutigen Umschreibung gegriffen werden.

Während im Nhd. der alte Conj. der Absichts- und Heischesätze durch den Indicativ und Infinitiv (mit zu, um zu) theilweise verdrängt worden ist, engen den dialectischen Conjunctiv einerseits der vordringende Indicativ, anderseits der Imperativ der directen Rede (in Heische-

---

[1]) Die Umschreibung mit um zu (zu) ist unbekannt. Ganz vereinzelt bei Lorenz S. 9: *Wea' . . . hàut wölln droſ sougàiħ; s' helſ'm* (um zn helfen).

sätzen) ein. Der **I n d i c a t i v** hat in den conjunctionslosen Sätzen die Umschreibung mit sollen mit Beschlag belegt: *Eaʳ hàut valàngt, i soll* (nhd.: solle, sollte) *nan glei schreiᵇm.* Im dass-Satze ist er nach indicativischem HS der herrschende Modus, (vgl. das oben gegebene Beispiel) er stellt sich jedoch auch schon nach conjunctivischem HS ab und zu ein. (*l valàngat, da r a . . . sohlt* wäre nicht schlechtweg unmöglich.) — Das will sagen, dass der finale Inhalt des regierenden Verbums im ganzen nicht mehr im Stande ist, den Modus des Nebensatzes zu beeinflussen, wenn nicht die modale Form (der Conj.) diesen Einfluss unterstützt. Der Gebrauch des **I m p e r a t i v s** stellt sich als die Beibehaltung der directen Rede statt der indirecten dar: *J hô nan . . . beᵈn, hülf ma denna!*

Schon dieser Gebrauch des Imperativs bedeutet eine Einengung des finalen NS überhaupt. Derselbe erleidet jedoch noch von zwei anderen Seiten eine nicht unbeträchtliche Einbuße. Dem Volke ist es geläufig, nicht nur die Absicht auszudrücken, sondern, wo es möglich ist — und das ist es zumeist bei vergangenen Absichten — auch die Erreichung der Absicht. Dies geschieht aber durch den Indicat. Perf.: *J hô ·s geaʳn thàu˘, da r a g·seah hàut . . .* (nhd. damit er einsähe.) Dieser Indic. verwandelt aber die Absicht in die beabsichtigte Folge, also den Absichtssatz in einen indic. Folgesatz. Soll dieser Eindruck vermieden werden, so muss die Umschreibung mit sollen die Absicht als solche scharf hervorheben: *J hô ·s geaʳn thàu˘, da r a ḍàut seah solln . . .* — Eine noch größere, weil auf alle Zeitstufen ausgedehnte Einbuße bringt dem Dialecte die Verschiebung der Absicht in den subjectiven Grund und damit des Finalsatzes in den Causalsatz mit *weil.* *J hô ·s geaʳn thàu˘, wal a hàut seah solln . . .*[1])

Auch in **finalen Relativ- und Temporalsätzen** steht der Conjunctiv Praet.[2]) nur noch nach dem gleichen Modus des HS: *Du brauchast hàlt àlawal wean, deaʳ (deaʳ wos) di badeinat. — J wartat geaʳn, bin s· kama (kummatn)* = bis sie kämen. Umschreibung mit *màcht·, soll* ist hier seltener. Im übrigen herrscht der Indicativ: *Du brauchst àlawal àin, dear wos di badeint. J wart, bin ḷs· kumma.*

Bedingungssätze.

Zur Bezeichnung der Möglichkeit oder der Nichtwirklichkeit steht im HS und NS der Conj. Praet. ohne Vergangenheitsbedeutung. Sehr vereinzelte Fälle der letzteren erklären sich besser im Zusammenhange mit dem historischen Praesens: *Öitza hàut a nàudenkt, wos a thàu˘ soll: Namm* (nähme) *·s eaʳ niat, sa namm ·s an ànnara* = hätte er es nicht gen. Gewöhnlicher: *Nimmt ·s eaʳ niat, sa nimmt ·s* u. s. w. Vergegenwärtigung des Vergangenen liegt in beiden Fällen vor. Das regelmäßige Tempus der Vergangenheit ist jedoch der Conj. Plusq.

Conjunctionslose Form, aber nicht in Frage-, sondern in Aussagestellung, nimmt der NS an nach: *·s wà kàa˘ Wunna,* z. B. *·s w. k.*

---

[1]) Vgl. S. 80.

[2]) Der Conj. Praes., wie er hie und da in Wolfs Volksliedern vorkommt, ist im eigentlichen Volksdialecte nicht mehr heimisch. Z. B. S. 79, Nr. 52: *Der ersieht, der mi glückli weist,* (Indic.) . . . *der dritt, der mi bhüt u bewar, damma heimli nehs widafer.*

42

W., *unna r àins werat kràa͞k* (vgl. E. J. XIV. S. 118). Nach indic. HS wird jedoch hier der Indic. im NS vorgezogen (gewöhnlich mit *wenn*): ·*s is k.* *W., wenn unna r àins kràa͞k wia͞d.*

Conjunctivischer NS neben indic. HS und umgekehrt, sowie die inhaltlich freiere Anknüpfung des NS (vgl. S. 33) lassen auf ein freieres Verhältnis zwischen HS und NS überhaupt schließen: *Wàu·s s gàns Ĝàus g'fröist . . . dass näi neks vüra g·ràu͞n kàa͞ va r an Gràsla, . . . wenn unna Hea͞'gott dean Zwerglan niat g·schäfft hätt . .* (sc. ein Feuer zu unterhalten.) Lorenz. S. 12 f. — *Wenn ·s niat bàl bessa wia͞d, wösst niat, wos g·schàh.* DV. S. 332 Nr. 569 aus Eger. Sätze wie: *Wenn dean nemmats wos barghat, sa is a hett mit da Wia·tschàft firti* kann man öfter hören. Dieses freiere Verhältnis, das ja keineswegs für Bedingungssätze allein gilt, begreift sich aus der die mündliche Rede beherrschenden Gewohnheit des nachträglichen Zusatzes, mittels dessen die Rede sich so gerne weiter spinnt und wobei der Anschluss an das Vorausgehende oft der strengen logischen Folgerichtigkeit entbehrt. [1])

Bezüglich der Umschreibung des condic. Conj. durch sollte, würde u. s. w. macht unser Dialect keinen Unterschied zwischen HS und NS, (wie das Nhd. bei *würde*[2])), wohl aber einen Bedeutungsunterschied. Während nämlich der Conj. Praet. sowohl die Möglichkeit als die Nichtwirklichkeit bezeichnen kann, liegt in der Umschreibung mit *werat* (würde) mit durchschimmernder Grundbedeutung stets die Annahme der Möglichkeit — u. zw. mit starker Betonung dieser bloßen Annahme (*wenn i s Haus vakaffat* — *wenn i s H. vakaffm werat*), in der Umschreibung mit *sollt'* überdies häufig die der geringen Wahrscheinlichkeit (*wenn i s H. vakaffm sollt'*). Die von Sprachlehrern[3]) verworfene Verwendung des würde im Absichts- und Wunschsatze, oder der ebenfalls nicht condicionale Gebrauch von würde im Conj. Futuri oder gar in der indirecten Rede schlechtweg (wie am Oberrhein Sanders Z. f. d. Spr. 1890, S. 41 ff.) ist unserem Dialecte unbekannt.

Das Gebiet des Indicativs im Bedingungssatze ist nicht auf den realen Fall beschränkt, sondern greift auch auf den irrealen Fall über. Doch tritt dann nicht das Praet. ein wie im Mhd. und Nhd. (*vorht er den widerslac*, Iwein 3130 = hätte er . . . gefürchtet; „warf er das Schwert von sich . . .“ = hätte er . . . geworfen)[4]), sondern das Praes., das wohl als hist. Praes. zu beurtheilen ist[5]): *Wenn (wöi) a mi niat kält, liegh i in Bôch drin* = wenn er mich nicht gehalten hätte, wäre ich . . . gelegen. Das Praet. fehlt ja im Indic. unserem Dialecte ohnehin, und der Indic. des umschriebenen Perf. (*wenn a mi niat g·hàltn hàut*) ist dieses irrealen Sinnes im allgemeinen nicht fähig.

Bei beinahe (*màlleicht*) überwiegt der Indic. den Conjunctiv: *Ea͞ hàut nan màlleicht ümmg·rennt* = er hätte ihn beinahe umgerannt. —

_____

[1]) Eine besondere Ergänzung eines conjunctiv. NS im Sinne des conj. HS halte ich darnach bei diesen Mischbildungen nicht unbedingt für nöthig, wie dies Nagl, Boanad S. 876 für das N.-Öst. thut.

[2]) Matthias, Sprachleben S. 387, gegen Erdmann, Grundzüge S. 181.

[3]) Z. B. Matthias, Sprachleben S. 386.

[4]) Erdmann § 159.

[5]) Vgl. Unters. I. S. 83; II. S. 2.

Die Concessivsätze schließen sich in Bezug auf den Modus sowie auf die Bedeutung der Umschreibung mit würde und sollte im allgemeinen den Bedingungssätzen an. Conjunctiv Praes. im conjunctionslosen einfachen Einräumungssatze ist mir nur in der Phrase *sâ 's àffa scho wöi 's wüll* (neben: *is 's*) bekannt. In *kost 's wos 's wüll* kann *kost* schon als Indicativ (= kostet) genommen werden wie in *sàgt a wos a wüll, thout a, wos a wüll* (er sage, thue, was er w.)

Der Indicativ hat sich im einfachen wie im disjunctiv getheilten conjunctionslosen NS festgesetzt (mit der angegebenen Ausnahme: *sâ 's wöi 's wüll,*) ebenso in jener Fügung mit wollen, durch welche das verallgemeinernde Pronomen und Adverbium umschrieben wird. Wer, (was, wie) es auch sei: *Is 's wea' (wos, wöi) 's wüll.* Disjunct.: — *I kumm, is àffa 's Wêda schäi oda niat.* Der einfache Indic. kann neben der Fügung mit „mag" selbst dort eintreten, wo im Nhd. nur diese Fügung oder die Conjunction ob gewählt werden kann. „Ich mochte wollen oder nicht" (ob ich wollte oder nicht) = *i ho wellu owa niat* (sc. so gaben sie mir Geld.) Lorenz S. 10.

Auch hier ist der HS in seiner Modusgebung vom NS unabhängig: *Wenn a r â àlls à böi/3t häit, sa is a jà da Màa danàu, da r a si wida wos vadeina kàa.*

Exceptiv-Sätze.

Der alte (ahd. mhd. und frühnhd.) Conj. Praes., der im Nhd. nur in der Phrase „es sei denn, dass" erhalten ist, hat sein Gebiet theils an den Conj. Praet., theils an den Indicativ abgegeben. Aber auch der Conj. Praet. ist im Dialecte auf die allerdings sehr geläufige Wendung mit müssen eingeschränkt. So neben „sein": *Möu/3t sä, da(s)* = es sei denn, es müsste denn sein; neben anderen Verben: *Möu/3t i mi vaschaut ho'm.* Bemerkenswert ist hiebei nicht nur die (wie im Nhd.) fehlende alte Negation (*es enirre mich der tôt*) sondern auch das fehlende *denn,* das, ursprünglich nebensächlich, im Nhd. (besonders im Frühnhd.) geradezu zum Kennzeichen des exceptiven Sinnes geworden ist;[1] es kann, muss aber nicht durch *àffa* vertreten werden, das im Dialecte auch sonst die Stelle von nhd. *dann* einnimmt. Andere Einschiebsel sind *no, nàa'* (nur), *eppa* (etwa)[2]. In den unpersönlichen Wendungen (es müsste denn . . .) kann *es,* wie in unseren Beispielen fehlen. Auffällig ist die Wortstellung. *Möu/3t* steht nämlich auch bei persönlichem Subjecte regelmäßig vor demselben an der Spitze des Satzes: *Möu/3t i mi vaschaut ho'm.* Das deutet auf den Ursprung dieses concess. Conjunctivs aus dem condicionalen Nachsatze. Z. B. Wir werden dem Boten gewiss unterwegs begegnen (— denn wenn wir ihm nicht begegneten,) *möu/3t' a r af an ànnan Wegh gànga sâ.* Mit dieser Erklärung stimmt die Beobachtung überein, dass der Conj. hier nicht mehr so recht als subjunctiver Modus gefühlt wird, denn diese Sätze nehmen schon durch den Satzton eine ganz isolierte Stellung in der Rede ein. Sie stehen einerseits niemals als Vordersätze und werden anderseits auch als Nachsätze durch eine starke Senkung der Stimme von dem übrigen Satzgefüge abgetrennt. Das Sprachgefühl bestätigt

---

[1] Ein Beispiel ohne *denn* aus Tasso bei Wunderlich, Satzbau S. 71.

[2] Das N.-Öst. *vearaus* = „ausgenommen, denn" kennt unser Dialect nicht. (Nagl, Roanad, z. V. 284.)

diese Auffassung, indem es sie als Nachsätze zu einem Vordersatze nimmt, der entweder ausgefallen ist oder in den vorhergehenden unabhängigen Sätzen enthalten ist. So kann jemand die möglichen Ursachen des vereitelten Zusammentreffens mit einem Boten bei sich erwogen oder mit anderen durchgesprochen haben. Zusammenfassend und abschließend fügt er etwa nach einer Pause den Satz hinzu: *Möifʒt a r af an ánnan Wegh gánga sa͂.*

Excipierender Indicativ (ohne Negation und ohne *àffa*[1]) erscheint nur nach verneinten Sätzen: *Dàu is kàa͂ Raffarei, ea͂ is dabâ.*[2]) Gewöhnlicher ist allerdings ein Satz mit „dass nicht" und Indic. oder (häufiger) Conjunctiv, wie im Nhd., oder *àuna* mit Inf. oder Part. Praet. (Vgl. S. 31.)

Der **alte Conjunctiv Praes.** in **Vergleichungssätzen**, die einen angenommenen Fall bezeichnen, ist, wie z. Th. schon im älteren Nhd., überall dem **Conj. Praet. und Plusq.** gewichen[3]). Beide haben potentialen oder irrealen Sinn.

Der **Indicativ** ist hier weit vorgedrungen. Neben dem irrealen Conj. steht der irreale Indic. und demgemäß *dass* statt *als ob*: *Künnt ‘s ma vüa͂, da r i scho stäih . . .* = als ob ich stünde. DV. S. 13.

Nach *sam, àls sam* (*sam àls*) tritt indicativischer Hauptsatz, ja selbst directe indic. Rede (neben dem Conj.) ein: *Ea͂ hàut näa͂ sua r a wengl mi͜dn Kuapf gnappt, àls sam ea͂ häiats scho* (= als wollte er sagen, ich höre es schon); oder: *àls sam: diats redts ma làng gout* (= als wollte er sagen: Ihr redet mir . . .) — Indicativischer Hauptsatz tritt für den conj. Vergleichungssatz ein in Fällen wie: *Mia r is grod, i siah nan nu, wöi a ba da Thüa͂ er͂kumma r is.*[4])

Nach einem Comparativ sowie nach den mit „ehe" (*äih*) eingeleiteten Sätzen treten die im Nhd. üblichen Modi ein.

Nach **negiertem Hauptsatze** ist nur der **Conj. Praet. und Plusq.** in Relativ- und in Folgesätzen eine ziemlich regelmäßige Erscheinung: *Niat amàl a Gros is g·wàksn, wos s Vòich gea͂rn gfressn häit.* Lorenz S. 8. — *Dôna is nemmats (g·west), dea͂ wos nan a wengl helfat (g.hölfm häit).* Conj. Praes. kommt nicht vor.

Der **Indicativ**, der hier, von den Sprachlehrern bemängelt,[5]) auch im Nhd. hie und da einzudringen sucht, ist im Dialecte neben dem Conj. nirgends unstatthaft, (*nemmats . . . dea͂ . . . hülft, gholfm hàut*) und er beherrscht das übrige Gebiet (z. B. der Substantivsätze) so ziemlich vollständig: *Dös is gàua niat mügli, da dös àina r allàinz thäu͂ hàut.* Ebenso in der Verbindung *sua—da(s) niat*, die für *zu . . . als dass* eintritt. (Vgl. S. 31.)

Nach **Verben mit prohibitiver und negativer Bedeutung** wie *hinnan, làua* (*gäih͂ làua*, unterlassen) *in Wegh sä͂, s. köi͜dn, ·s faklt*

---

[1]) Ein Sprichwort aus Franken mit *denne* und Indic. steht DM. VI. 466, 103: *Der mächt e ke Wasser trüib, er steigt denn ’nei͂.*

[2]) Ein hübsches Beispiel dieser Constr. ist: „Keine Wolk’ am Himmel floss, schrieb ein Zeichen in mein Buch". Aus der Übersetzung eines engl. Gedichtes (von Spielhagen). Vgl. Sanders Z. f. d. Spr. 1894, S. 422.

[3]) Ebenso N.-Öst. Nagl, Roanad S. 375.

[4]) Vgl. O.-Öst. „D’ Hoamkehr" v. J. Reischl („Aus da Hoamat" 1893, S. 27): *Is ms g·wö’n. i siag d’ Muade.*

[5]) Matthias, Sprachleben u. Sprachsch. S. 390.

(niat) vül — unterlassen, vermeiden sind ungebräuchlich — tritt sowohl nach affirmativem als nach negativem Hauptsatze in der Regel gar kein NS (dass-Satz) ein, weder ein conjunctivischer noch ein indicativischer, auch nicht *zu* mit dem Infinitiv wie zumeist im Nhd., sondern der Dialect ist bei der alten Nebenordnung stehen geblieben und überlässt die logische Unterordnung dem Zusammenhang: *J hinna' di niat, thou wos d' wüllst* (oder in umgekehrter Ordnung) = im hindere dich nicht, zu thun, was d. w. — *Ea' hàut 's gäiǐ làua u hàut nimma nàugschaut* = er unterließ es nachzusehen. — *J wia' mi höi⁴n u wia' dean nu amàl a gouts Wartl sogn* = ich werde mich hüten zu sagen. — *Dàu fahlt niat vül, sa r is a (u ea' is) sua gschickt wöi sā Màista* = es fehlt nicht viel, dass er . . . — Dass-Sätze aber sind besonders nach „nicht hindern, es fehlt (nicht) viel" etwas häufiger: *Dàu kàa mi nemmats hinnan, da r i* (so dass ich) *niat doagäiǐ därfat*; doch ist der Conjunctiv, abgesehen vom condicionalen Sinn, (*dàu hàut niat vül gtahlt, da r a doagschlogn wâ* = er wäre beinahe hingefallen) nur vereinzelt. Sonst herrscht der Indic. *Dàu fahlt nu wöi vül, dast dös z'sàmmbringst.*[1])

Was jene Negation betrifft, welche nach diesen Verben im Ahd. und Mhd., u. zw. im affirm. NS neben dem Indic., im negativen NS neben dem Conjunctiv gesetzt wird und aus einem Übergreifen der im HS enthaltenen Negation auf den NS zu erklären ist, so gebraucht die Mundart diese bloß „fortsetzende" Negation nicht mehr und nicht minder häufig als die „fortsetzende" Negation nach verneintem Satze überhaupt. Im dass-Satze, wie in dem oben angeführten: *Dàu kàa mi nemmats hinnan, da r i niat dàa gäiǐ därfat* fällt die Neg. im NS häufig auf Rechnung der Verselbständigung des NS durch den consecutiven Sinn (so dass ich nicht . . . dürfte). In den coordinierten Gefügen tritt diese Neg. hie und da auf: *I wia' mi höi⁴n u wia' dean (niat) nu amàl a gouts Wartl sogn*, besonders wenn der zweite Satz durch eine größere Pause der Einwirkung des übergeordneten negativen Verbums entzogen wird, wogegen bei raschem Zusammensprechen der Sätze die Neg. nicht leicht eingeschoben wird. Der letztere Fall liegt besonders dann vor, wenn beide Sätze die Form des NS haben und der zweite schon wegen des Antheils an der gemeinschaftlichen Conjunction (dass) die Abtrennung und Verselbständigung durch eine Pause nicht verträgt: *Dass di niat untastäihst u nu amàl af dean Bàm affestrigt!* (Vgl. hingegen mhd.: *das ir das vermitet und nicht für den dorn ritet.*[2])

Lediglich als Folge der fragenden Form des HS kann der Conjunctiv selten beobachtet werden. Der Indic. überwiegt im ganzen, wie in der nhd. Prosa. *Wàu gitt 's enn öitza mäia r an Däi stbua⁴n, (dea') wos àin döi Arwat thàt (thout)?*

Die Einbeziehung des NS in die **Willensäußerung**, die im übergeordneten Satze enthalten ist, findet in der Mundart nicht wie in der älteren Sprache und z. Th. im Nhd. (in gehobener Rede) ihren

---

[1]) Nicht alle dass-Sätze nach solchen Verben sind übrigens gleich den oben angegebenen als Subject- oder Objectsätze zu fassen. So sind die dass-Sätze, welche einen Erkenntnisgrund angeben und natürlich auch nach Verben wie hindern u. s. w. eintreten können, durchaus von jenen Sätzen zu trennen: *Is da eppa wos in Wegh, dast a secks Gricht möchst?* = das schließe ich daraus, dass du ein s. G. machst; nicht: ein s. G. zu machen. Vgl. S. 29.

[2]) Erdmann § 198.

Ausdruck durch den Conjunctiv des NS, sondern wie in der nhd. Prosa durch die Verwendung der Hilfsverba sollen, müssen. *Schick ·s näa, sein Brouda, dea' ·s àffa wida weitagebm mou (soll).* Ebensowenig übt optativer, concessiver und finaler Conjunctiv im übergeordneten Satze im allg. eine Wirkung auf den Modus des NS aus. Selbst in dem Falle, in welchem der C. Praes. im HS erhalten ist, *sâ ·s àffa scho wöi ·s wüll*, neben *is ·s . . .*) hat sich im NS der Indicativ als einzige Form behauptet; die übrigen nhd. Formeln haben im Dialect ohnehin schon im HS den Indic. angenommen. (Vgl. S. 43.) Conj. Praet. im Wunsche kann allerdings auf den NS hinüberwirken. *Seachat i no amàl, da r a* (der Obstdieb) *affasteighat!* = dass er hinaufstiege (neben Indic. *affasteigt*). Wie der optative so wirkt endlich der rein condicionale Conjunctiv des übergeordneten Satzes assimilierend auf den Modus des NS. Nun gewinnt aber der Conj. Praet. im NS hier wie dort condicionalen Sinn; daher ist jene Assimilation entweder inhaltlich gerechtfertigt, nämlich wenn die bedingungsweise Setzung des NS-Inhaltes zulässig oder gar beabsichtigt ist, wie in dem angegebenen Beispiele oder in dem Satze: *Wenn döi a Zwargla r iran Uafm bessa bauat . . . häi^dn, da r a niat ümgfälln wâ*, (*sa häi^dn ma* u. s. w.) Lorenz S. 12; oder aber jene Assimilation ist eine rein formale, wenn der Inhalt sich eigentlich gegen die Einbeziehung in den condicionalen Sinn sträubt. Beispiele des letzteren Falles begegnen häufiger als man meinen sollte: *Wà r i no sua gung wöi dea' wâ* (= ist) — *Wenn dea' wesst, wos i wesst* (= weiß). — Aus Volksliedern: *Wenn dia' wâ, wöi mia' wâ* (= ist) DV. S. 359. Nr. 802. *Wenn ·s a Wei wâ, wöi da Brauch wâ* (= ist). DV. S. 846, Nr. 698. Immerhin ist die bloß formale Assimilation ungleich seltener als die inhaltlich gerechtfertigte.

Der alte Conj. in **verallgemeinernden Relativsätzen** ist durchwegs dem Indic. gewichen.

(Fortsetzung folgt).

Saaz, im Februar 1896.

Druckfehler:

Seite	1, Anm.	Zeile 5:	statt Deutche	lies	Deutsche.
Seite	4,	Zeile 18:	„ wörtliche	„	wörtlichen
Seite	6, Anm. 2,	Zeile 2:	„ *häiast*	„	*häiast*).
Seite	7,	Zeile 88:	„ zu Hilfe	„	zuhilfe.
Seite	12,	Zeile 10, 11:	„ HSsätzen	„	HS.
Seite	12,	Zeile 81:	„ *gwäint*	„	*gwäint.*
Seite	15,	Zeile 6:	„ S. 61	„	S. 28,
Seite	15,	Zeile 24:	„ S. 50	„	S. 8.
Seite	19, Anm. 1,	Zeile 1:	„ *lequal*	„	*lequal.*
Seite	26,	Zeile 9:	„ bstimmten	„	bestimmten.
Seite	26, Anm. 2,	Zeile 6:	„ *wos*	„	*wosn.*
Seite	27,	Zeile 28:	„ *werghan*	„	*Berghan.*
Seite	81,	Zeile 17:	„ *sua-möi*	„	*sua-wöi.*
Seite	85,	Zeile 2:	„ *da r*	„	*da r a.*
Seite	87,	Zeile//?:	„ Modus.	„	Modus,

Buchdruckerei Fritz Kraenzle, Saaz